고도孤島를 살다

고도孤島를 살다

김은옥 수필집

| 작가의 말 |

2007년부터 지금까지 써냈던 수필의 일부를 정리해 보았습니다. 오래된 이야기들, 서툰 글이지만, 제가 사랑하는 분들과 문우들에게 민낯 그대로의 제 진심을 안겨드립니다.

드문드문 읽어주시기를.

고맙습니다.

2021. 01.

김은옥

| 차례 |

제2부 보여주기

제3부 그맘때

제4부 관계에 갇히다

제1부

향기 나는 사람

질문

"나이 먹기 싫어. 더 크고 싶지 않아. 이대로 있을래."

네 살짜리 아이가 이런 말을 한다.

엄마도 나이 먹고, 할머니랑 할아버지랑 삼촌 아빠 모두 나이 먹으면 다 돌아가시는 거냐고, 나중 나중에 다 돌아가시고 나면 아무도 없겠다고, 남아 있는 게 없다고, 그러니 나이 먹지 말라고, 자기도 안 먹겠다고.

아이의 외증조부상을 당했을 때다. 왜 돌아가셨다고 하는지, 왜 다시는 볼 수 없다는 건지, 어디로 돌아갔고, 왜 아무도 같이 안 가고 혼자만 갔는지를 따져 물었다. 외증조부께서 증손자를 유달리 사랑했었다.

멀리 비구름에 둘러싸인 산봉우리. 어둡고 칙칙한 비 오는 풍경. 장마의 끝이 보인다. 우산 없이 냇가를 걷는다. 오리는 한 마리도 보이지 않고 팔뚝보다 굵은 시커먼 잉어 몇 마리가 불빛을 받으며 물속을 오간다. 천변川邊 아파트와 가로등에서 흘러드는 불빛이 물결을 검은 진주처럼 반짝이게 한다. 아이가 했던 말들을 떠올려 본다.

봄에 아이와 냇가에 자주 왔다. 올 때마다 아이는 징검다리 위에 쪼그리고 앉아서 생각 깊은 눈으로 물속을 오래 들여다보곤 했다.

"저 물은 어디에서 와? 왜 어느 곳은 세게 흐르고 어느 곳은 천천히 흘러가? 왜 물은 자꾸, 계속, 흘러가야만 하는 거야?"

어린 철학자의 질문에 답하느라 쩔쩔맸다. 답하는 거야 어렵지 않다. 어떤 대답을 해야 외할머니인 나를 이 아이에게 특별하게 새겨줄 수 있을까 하는, 상대가 어린아이인데도, 그런 유치한 생각이 들었다.

그 이후로도 아이는 종종 죽음에 대해 질문을 한다. 자동차가 고장 나서 정비소에 수리하러 갔다고 하면 그 이야기를 반복하다가도 말끝에는,

"차가 고장 나면 사고 나고 그래서 죽어? 엄마도 아빠도?"

"죽으면 어디서 살아? 죽으면 어떻게 돼?"라는 질문이 따라 붙는다.

오지 않는 엄마를 기다리는 공룡유치원 동화를 읽다가 "너무 슬퍼." 하며 자기 엄마 팔에 눈물을 닦던 아이.

> 종합장에 작은 나무를
> 그려 넣고 잊고 있었다
>
> 떡잎이 진녹색으로 무럭무럭 자라는 소리
> 째깍째깍
> 도화 용지에 귀를 대보면 나비 치맛자락 스치는 소리
> 사각사각

꽃시계 덩굴 화관 쓴 아이가 책상다리하고 엎드려
손가락에 크레용이 묻어나도록 요리조리 매달아 놓은
나뭇잎 숭숭 뚫린 구멍 따라 햇빛이 드나들고
구멍 저편으로 먼지 하나 없는 세상들이 자꾸자꾸 자란다
잎줄기 모양 멀리멀리 뻗어있는 길 따라
어린 마음이 뒤뚱뒤뚱 꽃을 심는다
꼬물꼬물 고사리손이 나비 치마를 쫓고 있다

—졸시, <그림일기>

죽음에 관한 아이의 질문에 원론적인 대답만이 옳은가 그른가를 판단하기가 아직도 어렵다. 내가 다섯 살 때 친할머니가 돌아가셨다. 그때 죽음이란 말이 공포 그 자체로 각인되었다.

죽음이란 억수 같은 것, 황토물이 구렁이처럼 쿨렁거리며 기어가는 도랑, 삼베옷이 줄줄 흐르는 통곡, 전등을 켜도 암흑, 내 집인데도 들어갈 수 없는 무서움, 초상집보다 더 처절할 정도의 장대비에 질려서 수군거리는 사람들, 천지가 온통 물바다인 천둥 · 번개, 거센 빗발에 찢겨나간 빨강 · 파랑 · 노랑 누더기 만장들, 울긋불긋 비단 천들이 발기발기 뜯겨 뼈대만 남은, 비에 젖어 번들거

리는 검은 깃대들, 앞길이 보이지 않는 빛속….

모두 부정적인 파편들이다. 물론 친할머니와의 정이 얼마나 끈끈했었는지에 따라 기억이 달라질 수도 있겠다. 지금은 초상 치르는 일이 집집마다 다양해졌다.

개인적이고 왜곡된 기억일 수도 있겠지만, 네 살 아이의 물음에 어린 기억들이 선명하게 되살아나서 아이에게 뭐라 답하기 어려웠다.

편안한 죽음이란 게 있기는 있는 건가. 스스로 목숨을 끊거나 사건 · 사고로 세상을 뜨는 기사가 요즘 부쩍 많아졌다. 모든 두려움에 앰뷸런스 사이렌을 켤 수 있다면, 죽음이라는 꿈에 빠진 비상등을 깨울 수 있을 텐데.

수평선을 바라보며 나도 꿈에 빠진다.
바다를 바라보는 찻잔 속에서 수많은 불빛이 알은체한다.
비틀거리는 불빛 흔들리는 불빛 배고픈 불빛 외로운 불빛
혼자 밥 먹는 불빛 거리에서 악을 쓰는 불빛
서로 물 먹여주는 물결 따라 나도 물 먹여주며 흔들린다.

바다가 흔들린다. 별빛만이 살아있나 보다.
울먹이는 물결 따라 나도 한없이 흘러간다.
어디로 가는지도 모르면서.

달이 몰락하고 있네*

봄빛이 고향집 화단에 피어 있던 산매를 보내왔다.

연분홍빛 볼을 청초히 숙이고서 부끄러운 듯 슬픈 듯 흔들리던 매화. 겹고광나무라고도 하고 산옥매라고도 한다는데 어쨌거나 나는 고향집 산매화가 참 좋았다.

요즘은 때를 혼동한 진달래, 철쭉, 벚꽃, 산수유, 튤립, 장미 등이 시도 때도 없이 앞다투어 피어난다.

달력이 제 구실을 못한다는 말을 듣다가 김수영 시인의 〈팽이〉(《달나라의 장난》)가 떠올랐다. '팽이 밑바닥에 끈을 돌려 매이니 이상하고/ 손가락 사이에 끈을 한끝 잡고 방바닥에 내어던지니/ 소리 없이 회색빛으로 도는 것이/ 오래 보지 못한 달나라의 장난 같다'는 시 구절.

몇 천 년 된 달력. 그 몇 천 년 사이 달과 지구 궤도에 변화가 생긴 것 같다. 꿈과 희망과 인류문명을 가능케 했던 달이 조금씩 조금씩 지구로부터 뒷걸음질치고 있다. 일 년에 몇 센티씩 궤도에서 이탈하고 있다는 것. 달력만으로 가능했던 사리 측정도 이젠 맞지 않다. 제부도만 해도 그렇다. 물때가 조금만 달라지거나 틀려도 십 분 이십 분 차이로 목숨이 위태로울 수 있어서 어민들은 예보에 의지하며 굉장히 고민스러워 한다는 말을 들었다.

달은 팔천만 년 정도 후면 아예 지구에서 떠나간다는 것이 연구자들의 공통된 의견이다. 현재의 우리가 걱정할 일은 아닐지 모르지만, 달이 지구로부터 멀어지면 지구에는 엄청난 재앙이 몰려오고 생태계 파괴로 생물은 멸종될 것이다.

올해 정월 대보름달을 보려고 기다렸다가 결국 포기했다. 예전

엔 대보름이 만월이었는데 이제는 달력에 적힌 대보름날보다 하루 정도 늦게 차오른다. 빙산이 녹으면서 대류의 움직임도 달라졌다.

달이 몰락하고 있네*는 노랫말일 뿐이다. 왜 달이 몰락하고 있을까. 어쩌면 진짜 이유는 우주탐사선을 보내고 화성을 찾아가는 인간의 오만함이 마음으로부터 달을 밀어내는 게 더 클지도 모른다.

끈을 매달아 그 끈을 잡고 던져서 돌릴 수 있는 팽이는 자꾸 죽는다. 지구가 달의 끈일까. 방아 찧는 옥토끼가 기억에 가물거린다. 별 하나 나 하나 달달 무슨 달 쟁반 같은 둥근 달이 늙어간다.

지구에서 쏘아대는 인공 빛으로 별빛도 눈멀어버렸다. 스산하게 변해가는 지구에서 도망쳐가는 달 눈이 팽팽 돈다. 팽이가 돈다. 팽이가 죽는다.

땅따먹기

뙤약볕과 운동장이 종일 서로를 꼭 붙들고 있다. 아이가 혼자서 땅따먹기를 한다. 바싹 마른 흙모래 바닥 위에 둥그렇게 금을 그어서 집을 표시한다. 집 한쪽에 납작한 작은 돌을 세운 다음 그 돌을 손가락으로 튕긴다. 튕겨 나간 데까지 막대기로 금을 긋고 다시 그 금 끝에서 방향을 바꾸어서 돌을 튕기고, 또 금을 긋고, 이번에는 집 쪽으로 돌을 튕겨서 금으로 이어주면 이어준 만큼

집 크기가 넓어진다. 그 순서를 반복한다.

아이는 세계적 땅따먹기를 한다. 돌과 함께 중국을 돌아다니다 러시아로 건너간다. 땅바닥에서 차가운 기운이 올라온다. 방향을 튼다. 카자흐스탄과 인디아를 거쳐 훌쩍훌쩍, 대서양을 건너 아프리카로…. 점점 공기가 뜨거워진다. 에티오피아를 지나 수단, 이집트, 리비아, 사하라….

그 넓은 운동장을 달린다. 발그레하던 볼은 붉게 달아오르고 이마에 묻은 먼지는 땀과 범벅이 되어 재를 발라놓은 것 같다. 흙먼지 뒤집어쓴 손으로 흘러내리는 곱슬머리를 쓸어 올리면서 지칠 줄 모르고 반복한다.

땡볕이 절정인 한낮. 멀리 이글거리는 아지랑이 사이 아스라하게 낙타 한 마리가 보였던 듯도 하다. 잠시 소름 돋는 팔을 문지르던 아이는 놀라서 벌떡 일어선다. 주황색 흙모래를 날리면서 낙타가 길게 줄지어 오고 있다. 모래벌판이 신기루처럼 둥둥 떠 있다.

금을 그리고 돌아오는 것을 반복하며 영역을 넓혀가는 땅따먹기는 바흠의 어리석은 욕심과는 전혀 다른 '놀이' 행위이다. <사람에게는 땅이 얼마나 필요한가>(톨스토이 作)에 나오는 농부 바흠은 하루 동안 걸어서 돌아온 만큼 땅을 주겠다는 약속에 죽을힘을 다해 뛰어다니다 돌아왔지만, 차지하게 된 땅은 자신이 묻히게 된 한 평이 전부였다.

《걸리버 여행기》를 읽기 전부터 어린 나는 이미 공상가였다. 온갖 잡동사니들이 정답게 모여 있는 골방. 나는 그곳에서 내 세계를 만들어나갔다.

내 주머니에 몬스터가 살고 있다/ 비밀스러운 잡동사니 캄캄한 상자 속에서/ 공깃돌 갖고 놀기도 한다/ 양은냄비며 소쿠리 비밀 찬합 안에서는/ 곶감이랑 대추가 눈 끔벅대며 귀를 쫑긋거린다/ 곁에는 구멍 숭숭 뚫린 이야기책들도 있는데/ 책 속에서는 기침 소리도 나고/ 새 소리 아이들 재잘대는 소리/ 누군가 우는 소리도 나고 가끔/ 꽃냄새가 불어오기도 한다/ 내가 들여다볼라치면/ 까르르 웃다가/ 웃음을 뚝 그치기도 하는 것이다/ 이놈들 봐라 팔뚝을 걷어붙이고/ 뚫린 구멍 속을 기웃거려 본다/ 몬스터를 호주머니에 넣고 길을 나선다

—졸시, <산책> 부분

바쁜 어머니가 챙겨놓았던 점심도 잊은 채 웅크리고 잠들기 일

쑤였다. 틈새로 스며드는 저녁 밥물 냄새에 잠이 깨곤 했다. 골방의 어둠은 바깥세상의 어둠보다 훨씬 깊었다. 정신이 들었는데도 눈만 껌벅거리다가 내가 정말 눈을 껌벅이는 걸까, 불을 켜보고 싶었으나 그저 가만히 있었다. 풀벌레 울음소리며 무언가 아주 작은 벌레들의 움직임까지, 평소에는 들리지 않던 온갖 소리가 또렷하게 들려왔다. 칠흑 같은 곳, 조금만 움직여도 물건들에 부딪히는 그곳에서 별별 상상을 다했다. 어머니의 밥 먹어라—소리 들릴 때까지.

화가였다가 공주였다가 선생님이었다가 과학자였다가 탐험가였다가 커다란 과자가게 주인이었다가, 종잡을 수 없는 잡동사니들의 삶과 함께 자주 엎치락뒤치락하던 그때.

상상으로 만든 공간에 정이 든다는 것은 얼마나 은밀한 일인가. 얼마나 눈부셨던가. 만져지는 것도 이루어지는 것도 없는 짓거리. 백열등을 켜면 수많은 잡동사니가 나를 바라보며 눈을 반짝이고 있었다. 터무니없고 아무짝에도 쓸데없을 우스꽝스러운 공상이 역설적으로 내 성장의 일부를 지탱해 주었다.

새파란 도화지 같은 하늘을 가리키며 "오랜만에 날씨 참 좋다.

하늘이 엄청 파랑이네. 진짜 봄인가 봐.” 했는데, 놀러 와 있던 시골 동생이 “응? 흐린데?” 해서 의아했다. ‘그런가?’

어렸을 적 풍경을 곰곰이 떠올려보았다. 시골 밤하늘을 잊고 있었었다. 맑은 날 밤, 유독 까마득해 보이던 하늘, 그 흑진주 같은 하늘에 얼마나 많은 반짝이가 달려 있었나. 쓰다듬어 보고 싶던 그 반짝임. 가을하늘은 또 얼마나 파랗던지. 달무리처럼 둥그렇게 퍼지는 가로등 불빛에 의지하며 걷던 시골길은 얼마나 또 고적하던지. 가로등의 달무리와 달무리 사이, 간격의 어둠은 또 얼마나 깊던지.

밤하늘의 반짝임 가운데에서 또 다른 내가 나를 내려다보며 같이 반짝이고 있을 거라 상상도 했다.

땀을 삘삘 흘리면서 종일 모래사막에 금을 그었지만, 금세 사라지고 마는 실체 없음의 허망함. 바람이 모래를 쓸고 가면 또 다른 바람이 불어오고, 가도 가도 끝이 없던 모래사막의 아득함이 어린 나를 오랫동안 힘들게 했다.

그 운동장 한낮의 풍경들. 잡동사니에 둘러싸여 혼자 놀던 골방의 시간. 무의식 속에 각인된 고향 풍경들. 공상 속 우주에서 수없이 혼자 질문하고 답하며 성장했던 유년기는 내 마음 뒤뜰에 살아 눈뜨고 있다.

엄마 뒤에서 해찰이란 해찰은 다하는 작은 들꽃만 한 여자아이. 이꽃 저꽃 만져보며 아장아장, 가다 멈추다 가다 멈추다, 갑자기 까르륵 웃으며 엄마에게 뒤뚱뒤뚱 달려가 폭 안긴다. 납작하고 동그란 얼굴, 양 갈래머리. 휘~ 휘~ 부는 바람에 앞머리와 양 갈래 머리에서 잔털이 일어나 부드럽게 나부낀다.

바람이 제 얼굴을 스칠 때마다 간지럽다는 듯 목까지 움츠리며 깔깔댄다. 꼬까신 신은 발을 통통대며 손을 내밀며 바람을 쥐어보려는 듯. 레이스 원피스가 빙빙 돌아간다. 물방울하고도 눈송이하고도 바람하고도 또 무엇이랑 무엇하고도 언제든지 장난칠 준비가 되어 있는 아가. 저 아가는, 분명, 곰 인형을 껴안고, 복슬복슬한 담요 위에 엎드려서, 강아지 꼬리를 잡아당기기도 하며, 귀여운 공상을, 어리광처럼 할 것이다.

늙은 개 한 마리가 축 늘어진 꼬리조차 무거운 듯 느리게 걷는다. 사람만 보면 가까이 다가간다. 사람들은 겁을 내며 피해가고 개는 힘없이 돌아서서 다시 어슬렁어슬렁 가던 길을 간다. 어디로 가는 걸까?

신을 만나기 위해 성인이나 현자들은 사막이나 황야를 찾아갔다. 모든 것을 내려두고 신을 영접할 수 있다는 곳.

여기는 사하라. 날카로운 바람 소리 들린다. 내 마음에 그 어릴 적 모래바람이 불어온다. 금모래 은모래가 반짝이며 날린다.

세상 모든 곳에 사람들은 금을 긋고 땅따먹기를 한다. 땅따먹기는 끝이 없겠지만, 그 어떤 사람들이 그어놓은 선들도 언젠가는 모래바람에 지워질 것이다.

드넓은 운동장 모래벌판을 돋보기 쓴 내가 낙타가 되어 걸어가고 있다.

<사랑의 존재>

—한용운과 나

1.

사랑을 '사랑'이라고 하면 벌써 사랑은 아닙니다.

사랑을 이름 지을 만한 말이나 글이 어데 있습니까.

미소에 눌려서 괴로운 듯한 장밋빛 입술인들 그것을 스칠 수가 있습니까.

눈물의 뒤에 숨어서 슬픔의 흑암면黑闇面을 반사하는 가을 물결의 눈인들 그것을 비출 수가 있습니까.

그림자 없는 구름을 거쳐서 메아리 없는 절벽을 거쳐서 마음이 갈 수 없는 바다를 거쳐서 존재? 존재입니다.

그 나라는 국경이 없습니다. 수명은 시간이 아닙니다.

사랑의 존재는 님의 눈과 님의 마음도 알지 못합니다.

사랑의 비밀은 다만 님의 수건에 수놓는 바늘과 님의 심으신 꽃나무와 님의 잠과 시인의 상상과 그들만이 압니다.

—한용운 <사랑의 존재>

만해마을에 가게 되었다. 만해 한용운의 시를 경전 대하듯 암송하던 때가 있었다. <알 수 없어요>, <님의 침묵>, <나룻배와 행인>, <나는 잊고저>, <나의 길>, <예술가>….

가기 전에 한용운 시인에 대해 좀더 알아보려고 한용운 시 전집을 들여다보았다. 오랜만에 그의 시를 대하면서 새삼 그에게로 향하는 마음이 깊어졌다.

기온이 한 달여 고공행진하고 있었다. 만해축전에 참가하기 위해 나를 포함한 40여 명은 전세버스를 타고 만해마을로 향했다.

고속도로가 막힐까 봐 국도로만 갔는데 운행 시간이 줄어들지는 않았다. 평화문학심포지엄이 강원도 인제군 북면. 만해마을 설악관에서 두 시로 예정되어 있었다. 한 시가 넘어서야 도착을 한 우리는 공양간에 부탁해서 겨우겨우 점심부터 먹고는 곧바로 심포지엄이 있을 지하 1층 강당으로 갔다.

<세계작가초청 평화문학심포지엄> 국내의 여러 평론가와 시인, 시조 시인, 초청되어 멀리에서 온 미얀마 소설가 킨 미야 진이 자리를 잡고 앉았다. 그간 많은 언론에 발언해온 제주도 현택훈 부부 시인의, 4·3 사태와 관련된 4·3 시의 역할과 여성주의 시의 가능성에 대한 발언이 주목을 받았다. 격앙된 발언과 질문이 이어졌다. 무척 민감한 주제였다.

제주도에서 태어난 제주도 작가인 현기영 선생의 <순이 삼촌>을 통해 오랫동안 금기시되었던 4·3 사건이 세상에 최초로 알려졌다. 그간 풍문으로 듣던 남도의 아픈 노래들이 가슴에 깊이 다가왔다. 지금도 4·3 사태 피해자들이 입은 상처에 대한 치유는 고사하고 진실조차 규명되지 않았다. 현재진행형이다. 얼마나 많은 원혼이 아직도 구천을 헤매고 있을지. 모든 전쟁의 최대 피해

자는 아동과 약자와 여성과 소수자이다.

마지막으로 미얀마 작가의 발언이 있었다. 미얀마 작가의 발언을 듣는 동안 우리나라의 지난 역사가 생각났다. 미얀마에는 아직도 민주화를 향한 군부독재의 문제, 산간 소수민족과 정권을 잡은 다수 민족 간의 갈등을 비롯한 많은 과제가 남아있으며 도서에 대한 검열은 물론 언론도 통제되고 있다는 말을 전해 들었다. 오래전 민통선 마을에서 만나봤던 독립운동가 출신인 미얀마 소설가의 형형하던 눈빛도 잠시 떠올랐다.

미얀마와 우리는 외세침략에서 벗어나지 못한 공통의 기억이 있다.

2.

> 사랑을 '사랑'이라고 하면 벌써 사랑은 아닙니다.
> 사랑을 이름 지을 만한 말이나 글이 어데 있습니까.

사랑을 사랑이라고 이름 지을 만한 말이나 글이 세상 어디에도 없다면, 사랑을 사랑이라고 할 때 벌써 사랑이 아니라면, 내 가슴에서 늘 벅차오르는 이 마음은 무얼까.

문득 부모님 생각이 났다. 또한 부모님이야말로 변치 않는 사랑을 가르쳐주신 분들이 아닌가 싶다. 아버지 손과 몸에서 묻어나던 담배 냄새. 그 저고리 자락에 안겨 나는 사랑을 배웠다. 밥 내 나는 어머니 치맛자락을 잡고 따라다니며 또한 사랑을 배웠다. 가족의 정이 듬뿍 담긴 눈동자, 손주 녀석의 믿음에 가득 찬 가없는 눈동자. 나는 그런 것들이 바로 사랑이라고 자리매김해 본다.

나이 들어가며 세상이 점차 파스텔화 되어 간다. 눈앞이 뿌옇게 보이는 것이 불편하기만 했었는데 어느 순간부터 좋은 면이 있다는 걸 깨닫게 된다. 내 불편함을 자연에 순화시켜 가는 이런 마음이 스스로 좋다.

먼저 퇴근해서 아기와 놀아주던 사위가 종일 일에 시달리다 돌아온 딸에게 등을 내민다. 업어줄까! 딸이 강아지같이 순한 얼굴로 마주 웃는다.

한용운 시인은 아내와 갓난아이를 두고 출가한다. 첫 번째 출가는 실패했다. 그러나 기어이 또 출가했다. 그 뒤 다시는 집으로 돌아가지 않았다.

그의 시편들에는, 민족의 독립과 불교 계몽을 위해 몸과 마음을 바쳤지만 죽기까지 얼마나 자신을 다잡았을지 그 고뇌를 짐작하게 하는 대목들이 여실히 나타나 있다.

딸 한영숙과의 인터뷰를 보면 시인은 아내를 얻을 생각이 있다는 것을 선학원 적음 스님에게 밝혔다. 선학원을 드나들던 불교도(시인의 아내가 된 사람의 친구 어머니)가 중매해서 결혼을 하고 자식도 두었다. 나이 차이가 크게 나는 결혼이었다.

당신이 계실 때에 알뜰한 사랑을 못하였습니다.

사랑보다 믿음이 많고 즐거움보다 조심이 더하였습니다.

게다가 나의 성격이 냉담하고 더구나 가난에 쫓겨서 병들어 누운 당신에게 도리어 소활疎闊하였습니다.

그러므로 당신이 가신 뒤에 떠난 근심보다 뉘우치는 눈물이 많습니다.

—한용운 <후회>

한용운 시인이라 하면 고매한 스님, 스승, 선사이거나 지사로 많이들 알고 있는데 <후회>를 읽다 보면 오히려 인간적인 면이 느껴진다. 출가해서 대처승으로 활발한 업적을 남기기까지, 특히 조국에 대한 은유적 시를 많이 쓴 시인이라고 알려졌기에 더욱 그렇다.

한용운 시인은 '기미독립선언서' 서명 33인을 대표해서 선언서를 낭독했다. 3년 형을 선고받아 옥고를 치르기도 했으며 이때 천도교도인 박준승 같은 분은 옥사했다. 가난과 병고에 시달리다 사망하기까지 다각적인 독립운동과 불교 계몽운동을 펼쳤고 불교 잡지 《유심》을 창간하기도 했다. 또한 <님의 침묵>, <조국>, <부처님>, <연인> 등 민족 주체적 종교적 민족 문학적인 다양하고도 수준 높은 작품들을 끊임없이 발표하였다.

설악관과 북천 옆에 서 있는 건물 입구에는 한용운 시인의 동상이 있다. 두루마기의 구겨진 주름까지 섬세하게 표현된 구리 동상. 구부정한 등, 오른손은 아래로 살짝 펼쳐있다. 어서 안으로 들어가소, 아니면, 그대가 갈 곳이 바로 여기네…. 펼친 손바닥의 의미가 무엇이건, 그의 등 뒤에서 바라보자니 그는 구부정하니 어정쩡하니 발을 내디디려 하고 있다. 뒷모습을 볼 수 있게 해놓은 조각가의 의도가 좋았다. 나는 애써 앞모습을 보려 하지 않았다. 오히려 이분도 사람이라는 연민으로 가슴이 싸해졌다. 한용운 시인에게서 이런 느낌을 받다니, 나같이 먼지만도 못한 존재가 보여주는 뒷모습은 남에게 어떤 모습으로 비칠까 부끄러웠다. 그런저런 생각에 스님의 뒷모습이 너무나 외로워 보였다.

3.

설악관 4층에 짐을 풀었다. 한 방에 다섯 명, 여섯 명, 네 명. 잠이 목적은 아니므로 하룻밤쯤 충분히 지낼 수 있겠다 싶었다. 춥다고 에어컨까지 꺼버린 방이 내겐 아주 무더웠고 방바닥은 물을 뿌린 것처럼 축축했다. 가늘게 코 고는 소리, 잠꼬대 소리, 어느 방에선가 새어나오는 도란도란 밤새 이야기 나누는 소리. 늘 먹던 약도 챙겨오지 못했다. 낮 세미나에서 계속 사용했던 돋보기 안경마저 간 곳이 없다. 정신은 더욱 말짱해지는데 바닥이 너무 습해서 몸까지 눅눅해졌다.

뜬눈으로 뒤척이다 일어나보니 바깥은 더욱 심각했다. 엘리베이터 옆, 시멘트와 돌로 지어진 건물 로비 바닥 등 반 이상이 물에 젖어 있었다. 곰팡이가 필 듯하다. 건물 자체가 물 먹은 거대한 돌덩이였다.

새벽 같지 않은 아침 같은 새벽. 설악관 옆으로 흐르는 강이 바닥을 거의 드러내고 있었다. 계속되는 더위 탓에 가물었나 보다. 고요한 강을 바라보며 피어있는 달맞이꽃 닮은 노란 꽃들이 노랑노랑 귀엽게 반짝거렸다.

"자세히 보아야 예쁘다/ 오래 보아야 사랑스럽다/ 너도 그렇다"(나태주/ <풀꽃>)'를 장난처럼 서로 읊어보다가 꽃 사진도 찍었다.

밤새 여러 단체의 문인들이 많이 와 있었다. 오전에 우리 모임의 평화 시낭송회가 치러졌다. 여기에는 시인뿐만 아니라 소설가 · 수필가 · 평론가 등이 참여하는데 올해는 예년보다 참가자가 적었다. 매일매일 날씨가 용광로 같아서일까.

4.

남쪽의 돌집(조선총독부)이 보기 싫어서 심우장을 북향으로 짓게 했다는 한용운 시인. 불같은 성격, 곧은 기질. 자신을 도왔던 최린이 친일을 하자 나중 그의 도움을 격렬하게 물리쳤다고 하는데, 최린은 1949년 반민특위에 체포되었을 당시 그나마 눈물로 참회하는 진술을 했다. 최린은 한국전쟁 때 납북되었다.

친일 주지들 앞에서는 연설하다가 '송장보다 더러운 게 바로 여기에 모인 네 놈들'이라고 호통을 쳤다. 이광수 · 최린 등 일본식 이름으로 바꾼 이들에게 격노한 홍명희가 그들을 개 같은 놈들이라고 하자. '개는 주인을 배반하지 않는다면서 개가 들으면 얼마나 서운하겠는가, 그들은 개만도 못한 놈'이라고 했다. 그러자 홍명희 역시 개에게 큰 실례를 범했다고 개에게 사과를 읊조렸다고 한다. 육당 최남선에게 '당신은 이미 뒈져서 내가 장례를 치렀으니 당신은 모르는 사람'이라고 일갈한 한용운.

그의 시는 조국에 대한 사랑의 은유로 가득하며 호방한 기개를 지녔다. 반면에 어떤 시는 여느 연애시 못지않게 부드럽고 감미로

우며 서정적이다.

5.

<독자에게>

독자여, 나는 시인으로 여러분의 앞에 보이는 것을 부끄러합니다.

여러분이 나의 시를 읽을 때에 나를 슬퍼하고 스스로 슬퍼할 줄을 압니다.

나는 나의 시를 독자의 자손에게까지 읽히고 싶은 마음은 없습니다.

그때에는 나의 시를 읽는 것이 늦은 봄의 꽃 수풀에 앉아서 마른 국화를 비벼서 코에 대이는 것과 같을는지 모르겠습니다.

밤은 얼마나 되었는지 모르겠습니다.

설악산의 무거운 그림자는 엷어갑니다.

새벽종을 기다리면서 붓을 던집니다.

—한용운, 을축 8월 29일 밤 끝

수필이든 시든 소설이든 평론이든 간에 글을 쓰는 사람은 위와 같은 글을 읽으면서 내 글을 다시 되돌아보고 또 그래야 한다고 생각한다.

"나의 시를 읽는 것이 늦은 봄의 꽃 수풀에 앉아서 마른 국화를 비벼 코에 대보는 것과 같을는지"란 표현은 얼마나 겸손한 이야기인가.

<알 수 없어요>는 김수영의 <사랑>만큼이나 내 인생의 좌표가 되어있다.

> 근원은 알지도 못할 곳에서 나서 돌부리를 울리고 가늘게 흐르는 작은 시내는 굽이굽이 누구의 노래입니까.
>
> 타고 남은 재가 다시 기름이 됩니다. 그칠 줄을 모르고 타는 나의 가슴은 누구의 밤을 지키는 약한 등불입니까.
>
> —한용운 <알 수 없어요> 부분

한용운 시에 대해 생각하고, 읽고, 쓰다가, 나를 돌아본다. 나는 한갓되이 공중에 떠도는 먼지일 뿐이다. 아니, 그 먼지만도 못하니 부끄럽기 그지없다.

오세암, 블라디보스토크, 시베리아와 만주, 백담사, 일본 그리고 심우장…. 한용운 시인이 평생 발 디뎠던 지명들이다. 동분서주, 오로지 조국 광복과 불교 계몽에 힘썼던 그분의 발자취를 생각하노라면 "천방지축 기고만장 허장성세로 살다 보니 온몸에 털이 나고 이마에 뿔이 돋는구나 억!" 하고 입적하셨다는 조오현 스님도 떠오른다. 그 큰스님도, 결국 자신이 짐승이 되었다고 말씀하셨다. 무산 조오현 스님은 시조 문학으로 등단한 시조 시인이다. 시조 문학 중흥에도 크게 기여했고 한글 선시禪詩 개척자이기도 하다. 만해가 창간한 《유심》을 복간했고, 불교 정론지 《불교평론》도 창간했으며, 《불교신문》 주필을 지냈다. 만해 한용운 선생의 사상을 알리기 위해 1996년 만해사상실천선양회를 설립, 만해대상을 제정했다

한용운 선사를 하늘처럼 받들면서 그분을 알리려고 평생을 힘쓰던 분이 어떻게 하필 《유심》 창간 100주년에 입적하셨을까. 우연도 우연도 참 기가 막힌 우연이다.

"허공은 집이 없어서 허공일까 집이 없으면 얼마나 클까 너무

광활해서 이리 헤매는구나 내 고향 내 뿌리는 어디에 있을까 집도 절도 고향도 없는 내 마음 구만리장천보다 더 넓은 허공에 뿌리를 내리려면 얼마나 큰 뿌리가 필요할까."

중얼거리며 합장한다.

겨울로부터 봄으로

1.

구름이 어둡다. 높고 완만하게 휘어져 있는 고가도로에서 자동차가 서행한다. 아무리 액셀을 밟아도 하늘 속으로 서서히 빨려들어가는 느낌이다. 하늘 뱃속으로, 마치 살아있는 인간 몸속으로 캡슐 로봇 잠수정이 들어가듯.

하늘로 이어지듯 아스라하게 치켜들리다가 점점 아래쪽으로 휘어지는 고가도로, 그 도로가 끝나는 저만치 앞에 신호등이 눈 붉히며 맞이한다. 빨강 신호에 걸린 차들이 멍해 있다. 신호등이 파란색으로 바뀌자 차들이 다시 달리기 시작한다. 눈발이 날리기 시작하더니 함박눈 조짐이 보인다. 앞차 운전자가 창밖으로 팔을 내밀어 손바닥으로 눈송이를 잡으려 한다. 그러나 그것도 잠시, 곧 빗방울이 듣는다. 뒹굴고 있던 낙엽과 쓰레기들을 어디선가 달려온 돌풍이 몰고 간다. 비도 곧 그친다.

2.

앞차 뒷바퀴에서 시커먼 물체가 길가로 튕겨 나간다. 작고 까만 짐승 하나가 쓰러졌다가 일어나서는 절룩거리며 뛰는 것이 백미러를 통해 희미하게 보인다. 구르다시피 뛰어가는 그 모습이 사람과 무척 닮았다. 앞차는 사라지고 없다. 아치형 구조물에 큰 글씨로 "야생동물들의 출입로"라고 그려놓았던 곳을 지나온 지 한참

되었는데 이게 무슨 일인가. 내 발은 마치 굳은 것처럼 엑셀러레이터 위에만 놓여 있을 뿐.

혹 사람이 동물로 보였던 것은 아닐까. 왜 하필 넓은 도로에서 다른 차 다 놔두고 내 앞차에 부딪힌단 말인가.

차 앞으로 나뭇잎만 굴러가도 깜짝깜짝 놀랐다. 한동안 운전하기가 참으로 어려웠다.

3.

나는 삶이라는 연극에 푹 빠져 있는 게 분명하다. 슬퍼하고 웃고 잠자고, 빛나는 햇살에 감탄하고, 오늘은 눈 내리는 소리를 듣기 위해 적막을 초대한다고 잠꼬대처럼 중얼거린다. 눈은 내리지도 않고 온다는 소식도 없다.

희끗희끗 숱 적은 머리 모양의 산 아랫동네 태백의 눈꽃 축제 사진이 인터넷에 올라와 있다. 예전 어느 해에는 인공 눈으로 얼음을 만들고 눈 축제를 벌이던데, 태백에 눈이 많이 왔나 보다.

추운 날인데도 관광객들이 동심으로 돌아간 듯 원숭이 조각 앞에서 사진을 찍고 눈사람을 만든다.

아름답다거나 추하다거나 하는 개념들은 의외로 단순할 때가 있다. 방사능을 많이 쏘인 듯한, 석탄 물에 오랫동안 염색되었던 것이 아직 남아있는 듯한, 나뭇가지로 얼기설기 짜놓은 듯한 검고 앙상한 태백의 산 사진을 보면 그리 아름다워 보이지 않는다.

아무리 축제를 벌이며 태백의 지난날들을 덮으려고 애써도 덮을 수가 없다. 과거는 덮어지는 일이 아니다.

아파트 벽을 더듬는 바람이 적막 속에서 밤새 씨륵씨륵 눈 내리는 소리로 울고 있다.

4.

겨우내 가물더니 연이틀 눈 대신 비가 내린다. 오랜만에 홈통을 두드리는 빗소리가 귀에 거슬리지 않는다. 어느 집 세탁기 진동소리, 윗집 마루에서 쿵쿵대는 소리, 그 소리들이 멈춘 뒤의 고요

와 함께 밤을 새운다. TV 소리, 음악 소리, 벨 소리, 까치 소리, 고양이 소리, 자동차 소리, 세상 소리 소리들….

몇 차례 오르면서도 이름조차 모르는 나지막한 산을 지나 서울대공원 벤치까지 걷는 동안 귓가에 가득 차오르는 바람 소리. 한 번은 내 몸 왼쪽을 훑고, 또 한 번은 오른쪽을 훑고, 한 번은 머리 위를 쓸고 또 한 번은 다리 쪽을 감아가고, 강해졌다 약해졌다 감미롭게 또는 할퀴면서. 산바람 소리가 피로한 온 신경 하나하나를 말긋말긋 흔들어서 세탁해 주는 중이다.

산아래에 앉아 있다. 비 온 뒤의 추위가 깨진 얼음장처럼 날을 세우고 있다. 산 위에서부터 나무를 쓸고 내려오는 바람이 여러 빛깔로 움직인다. 하늘은 너무도 말끔해서 꼭 뭔가 다른 소리를 준비 중인 듯 보인다. 소리와 소리 가운데 앉아 있다. 순간 몸이 얼어버린다. 나는 지금 무작정 그 무언가를 기다리는 중이다. 하늘도 때로는 민낯이 되고 싶을 것이다.

눈을 감는다. 솨솨거리는 소리에 여러 가지 움직임이 섞여 있다. 갑자기 저수지 물이 가깝게 느껴진다. 냉장고 문을 열었을 때의 그런 냉기가 훅 끼쳐온다. 몸이 저절로 떨려서 얼른 눈을 뜬다. 그 사이 가로등이 불 밝혔다. 사람과 나무들이 저물고 있다.

제주도 정방폭포가 갑자기 떠오른다. 곧고 거대하게 쏟아지는 물줄기에서 튕겨나는 물방울이 나무 기둥의 곁가지처럼 보였다. 쏟아지는 물의 곁가지가 주변부에 속속들이 스며들고 있다는 것을 중심 쪽에서는 짐작도 못 할 것이었다. 기둥이 세워질 틈도 없이 물의 뿌리가 끝없이 뽑혀 나가는 듯이 보였지만 폭포는 결코 스스로 중심을 내세우지 않았다. 까마득한 꼭대기로부터 아득히 추락하면서 온 하루가 저물고 밤을 지새우고 계절을 보내는 폭포는, 우러러보는 자와 젖어 드는 자의 시간으로 언제나 등을 곧게 세웠을 터. 곁가지가 없으면 폭포는 산목숨이 아닐 것이었다. 폭포가 아닐 것이었다. 튀는 물방울의 어느 것은 순하고 어느 것은 힘찼다. 물줄기에 끝없이 돋는 수많은 곁가지. 나무의 잔가지처럼 물기둥의 생명력이 사방으로 뻗어 나왔다. 가만히 젖어 들거나 푸욱 들어오는 물방울들, 그러나 온몸을 던져오던 물방울들. 중심만 보이는 세상에서 폭포의 튀는 모든 물방울은 곁가지 같은 존재냐고 그 앞에 서 있던 내가 내게 물었다. 나는 그때 그 곁가지에 젖어 떨고 있었다.

에필로그

몇 날 며칠이 남의 삶처럼 지나간다. 몇 년의 껍질, 내가 포기한 것들, 날아가버린 한 생각 자리를 다음 생각이 들어와 채우고 또 그다음 것들이 밀고 들어오는 날이 반복된다. 어둡게 늘어져 있는 나무들은 환한 햇살을 받으면 언제 그랬냐는 듯, 무언가 감추고 있는 낯빛이다.

입춘이 지났지만, 경칩도 오기 전에 벌써 봄 같다고 식구들은 옷을 한 가지씩 벗어놓았는데 매서운 바람이 마구 분다. 갑자기 대설한파주의보가 내리고 눈보라가 몰아친다.

휴대전화 배터리를 교체하고 난 후 화면이 꺼지지도 켜지지도 않는다. 옷걸이 모양의 로고가 작은 직사각형 안에서 등대 불빛처럼 번쩍이기만 한다. 이 번쩍이는 빛을 신호로 소통이 시작되기도 하고 끝맺기도 하는데….

휴대전화가 낡아서 고장난 거라고 서비스센터 직원이 말한다. 애초 구매할 때 계약했던 약정이 끝났을 뿐인 것을, 기기가 오래되어서 고장났다는 말이 듣기에 좀 거북하다. 고치는 데 이삼일

걸린다고 한다. 그 이삼일 동안 연락 두절로 다들 궁금하다고 할 텐데, 걱정할 텐데 하고 혼자 김칫국 좀 마시다가 웬걸, 점점 마음이 홀가분해진다. 그냥 전화기 없이 지내볼까. 밤낮없이 작은 화면을 들여다보던 일들이 그새 아스라하게 느껴진다.

오랜만에 정신이 맑아져서 오늘밤은 곤히 잠들 수 있겠다. 쉼 없이 홈통을 두들겨대는 위층의 세탁기 물소리도 아마 자장가처럼 들릴 것이다. 그렇게 생각하니까 팍팍하던 다리에 힘이 들어간다. 앞서가는 사람들 흉내를 내며 두 팔을 앞뒤 직각으로 흔들면서 걸어본다. 걸음이 어색해져서 곧 평소대로 걷는다.

아파트단지 길에 얇게 덮여있던 눈이 그마저 반쯤 녹아간다. 이제 이 5층짜리 아파트들도 곧 사라질 것이다. 재건축의 열기가 온 도시에 이미 독감처럼 퍼져있다.

향기 나는 사람

"덕이 없는 아름다움은 향기 없는 꽃과 같다."

프랑스 격언이다. 덕이 있는 사람은 멀리 떨어져 있어도 향기 은은하게 마음을 끌어당기는 꽃이라는 것이다. 새삼스레 그 문장이 떠오르면서 '향기'라는 말에 호기심이 생겼다.

현직 법관이 쓴 글을 읽었다. 삼십여 년 전인 사법연수생 시절

검사시보였을 때 사형집행을 직접 목격했던, 세 사람의 사형수에 관한 이야기였다.

첫 번째 사형수는 강도살인죄라는 끔찍한 죄목을 갖고 있는 죄수였다. 그 청년은 죄목과는 상반되어 보일, 전혀 믿기지 않을 정도로 온순해 보이는 얼굴이었다. 사형이 집행되기 전에 떨리는 목소리로 피해자와 자신의 어머니께 사죄하고 용서를 구했다. 신앙을 전해준 교우들에게도 감사하다고 유언을 했다. 그 뒤 바로 사형이 집행되었다.

두 번째 사형수는 사십대 여인이었는데 남편을 독살한 죄였다. 온몸을 와들와들 떨면서도 그녀 역시 차분하게 신앙고백을 한 후 죽음을 맞이했다.

세 번째는 삼십대 남자 사형수였다. 얼굴도 밝고 씩씩하게 보여서 두려운 모습이라고는 전혀 찾아볼 수 없었다. 모든 것을 내려놓은 자의 평화로움이 느껴지는 얼굴이었다. 마지막까지 "저 먼저 갑니다. 안녕히 계세요."라고 말해 교도관들은 물론 참관했던 모두가 눈물을 흘렸다는 것이다.

법관은 그때 받은 충격이 워낙 컸기에 오랫동안 아무에게도 말

못 하고 속에만 두고 있다 이제야 사형장에서의 경험에 대한 짧은 글을 쓸 수 있었다고. 그간 흉악범죄자를 여러 번 재판했지만 어떤 경우에도 인간은 존엄하다는 사실을 잊지 않았다고 했다.

그런데 지난해 말 한 여성으로부터 편지를 받게 되었다는 것이다. 그 여성은 종교 봉사자였는데, 사형수들에게는 어머니 같은 사람이었다. 자신은 삼십 년 전 그때 사형장에 들어갈 수 없었으며 사형이 집행되는 내내 구치소 문밖에서 초조하게 마냥 서 있었다고. 사형수들의 최후 모습을 걱정하며 애탔었는데 이번에 법관의 글을 읽고서야 마음의 짐을 조금이라도 내려놓을 수 있었다는 편지였다.

법관은 세 사람의 사형수가 평온하게 죽음을 맞을 수 있었던 배경이 늘 궁금했었다. 그 여인의 편지를 받아보고서야 그 여성의 고귀한 헌신을 통해서였다는 것을 알게 되었으며 비로소 마음의 빈칸이 채워졌다고.

삼십 년 전 구치소 정문, 검사시보였던 그와 그녀는 서로 모르고 지나쳤다. 그런데 몇십 년이 지나고서 사형수 세 사람의 이야기를 서로 나누게 되리라고 상상이나 했겠느냐는 글이었다.

우리가 살아가는 모습은 각양각색이다. 만약 어떤 행사를 위해 간이의자를 날라서 넓은 운동장에 채워놓아야 한다 했을 때, 그냥 시키니까 묵묵히 옮기는 사람, 왜 우리가 해야 하나 우리가 만만한가 보다 반발하면서도 마지못해 움직이는 사람, 하는 척만 하면서 슬그머니 없혀가는 사람, 수고비라도 달라는 사람, 힘들어 죽겠다고 투덜대면서도 제법 하는 사람, 다 같이 봉사하자면서 시종일관 즐겁게 웃는 얼굴로 해내는 사람 등 각양각색일 것이다. 그 태도는 각각의 일상생활에서도 그대로 보일 것이다. 이해타산 없는 긍정적이고 밝은 모습은 주위 사람에게도 전염되어 그 옆에 있는 것만으로도 기분이 좋아지지 않을까.

모든 사람이 할 수 있는 것을 나도 하는 것이 아니라 아무나 할 수 없는 일을 내가 하는 것.

사형수들을 위해 종교봉사를 하던 그 여성은 그냥 종교봉사에서 그치지 않고, 자신이 돌보고 이끌었던 사형수들의 마지막 길이 평화롭길 진정으로 빌며 안타까워했다. 사형수들의 최후 순간이 어땠을까 걱정이 되어 두고두고 잊지 못했다는 그 마음에 종교를 떠나 큰 감동을 느꼈다.

흉악한 범죄자가 어떤 죄를 저질렀건 항상 인간으로서 존엄하게 여겼다는 그 법관에게서는, 머리로 마음으로 잔잔하고도 진지하게 전해오는 향기가 있었다. 어둡고 습한 곳, 불행으로부터 더는 도망칠 수도 없는 외로운 곳의 밑바닥 아픔까지 감싸는 사람들, 품위 있는 천연의 향을 품고 있는 게 분명하다.

어차피 한 번 사는 인생이니 겁먹지 말고 온 힘을 다해보자. 자전거 바퀴도 방치하면 녹슬어 굴러가기 어렵지 않은가. 멈추지 말고 자꾸 해보자.

내게서도 천연의 향이 풍겼으면 좋겠다.

안부

도서관 휴게실에서 창밖을 바라보는 중이다. 자그마한 단풍나무 두 그루. 연지곤지 찍은 듯 온통 발그레하다. 어린 새색시 같다. 창가 자리에 앉는다. 며칠 새 가을 물이 많이 스며들어 있다. 단풍나무 어디가 어떻게 달라져 있는지 안부를 살피는 것도 내겐 중요한 일 중 하나다.

어린 단풍나무의 화려함이 큰 나무 못지않다. 이 아름다운 단풍나무들 쓰임새 또한 굉장하다. 가구·악기·염료·조경수·가로수·분재·메이플 시럽maple syrup 등등. 메이플 시럽을 얻는 당단풍은 캐나다가 원산지라 한다. 고로쇠나무도 단풍나무에 속한다.

꼬리에 꼬리를 무는 단풍나무에 대한 생각. 붉은 잎들 사이 반짝거리는 쪽빛 하늘까지 눈으로 끌어들이다보니 단풍놀이가 따로 없다.

휴게실에는 소녀 둘과 나뿐이다. 어찌나 조용한지 숨쉬는 소리까지 들린다.

"아빠가 나 보고 싶대. 사실 아빠 만나는 게 싫지는 않아. 나도 내 맘을 잘 모르겠어. 막상 만나면 웃는 것도 보기 싫고 자꾸 괴롭혀주고만 싶더라. 뭐가 그렇게 맨날 기분이 좋은지."

"그러게…. 우리 엄마가 그러는데 남자들은 나이를 먹어도 아이 같다나 뭐라나."

"엄마 따라 갈걸. 캐나다에 가 있었으면 그 언니 만나는 일은 없었을 거 아냐. 페이스 북도 그만 끊어야겠어. 아빠가 새엄마 될 그 언니랑 찍은 사진만 잔뜩 올려놓고는 곧 결혼한다는 거야."

조용해서 돌아보았다. 가만가만 이야기를 나누던 두 소녀가 탁자 위 종이컵만 바라보고 있다. 창을 통해 들어오는 저녁 햇살이 아직 따뜻하다. 두 소녀의 어깨가 저녁 햇살에 물들어간다. 앳된 단풍잎이 점점 더 눈을 붉히는데 단풍잎 숨결까지 유리창을 투과해오는 듯하다. 나도 수십만, 수억 개 창문 너머 캐나다라는 먼 곳을 바라보며 같이 물들어간다.

오랜만에 찾은 도서관이다. 습관처럼 휴게실부터 들렀다. 도서관에 오면 열람실에 가기 전 자판기 커피부터 마시곤 했다. 그때 생긴 습관이다.

창가 자리에 앉으니 거기 진고동색 키 큰 단풍나무가 창 앞에 가득하다. 손 흔들어주던 어린 손바닥들은 어디로 갔는지 단단한 잎들이 내게 손 흔든다. 오랜만이야 하듯.

문득 잊고 있던 장면 하나가 비슷하게 펼쳐진다. 두 소녀. 살짝 숙인 이마가 하얗게 빛나던.

지금 그 자리에는 비슷한 또래의 다른 소녀들이 앉아 있다. 뭔가 재미있는 이야기를 하나 보다. 입을 가리며 웃곤 한다. 동그란 모습들이 저녁햇살에 감싸여 역광으로 오롯이 시선 잡아당기면서

퇴색한 필름처럼 그날의 광경을 흐릿하게 떠올려준다.

그날 두 소녀가 그 자리에 앉아 머나먼 캐나다를 이야기했다. 소녀는 캐나다에 있다는 엄마에게 갔는지, 젊은 언니랑 아빠는 결혼했는지. 아니면 젊은 언니를 엄마라 부르는지 언니라고 부르는지.

몇 년 지나 몰라보도록 성장해버린 아이들을 대하듯 단풍나무 모습 하나하나 눈으로 찬찬히 쓰다듬어준다. 저물어가는 햇빛 저 너머 먼먼 캐나다를 그려본다. 세계표준시에 따라 우리나라가 캐나다보다 시간으로는 하루 정도 앞서간다. 캐나다에 도착해보면 그곳은 아직 우리의 어제. 소중한 시간을 하루 더 갖는, 캐나다에 있다는 사람의 시간을 헤아려본다.

어른이 된 단풍나무를 대하는 것이나, 사라져간 시간 너머의 것들, 되돌릴 수 없는 시간들에 가슴 서늘해지는 것은 비슷한 일이다.

쓸쓸함에 대하여

강약이 없는 노래다. 가슴을 파고드는 지극히 절제된 목소리. 메마른 절규였다. '사랑이 끝나면 이 세상도 끝난다.'고.

연수研修 중인 딸을 보려고 일산에 갔다. 별다른 대화는 없이 그저 신종 플루에 대한 예방법에 관해 이야기 나누다가 소화 기능이 약한 딸을 걱정하면서 공부는 잘되는가, 불편한 것은 없는가 하는 그런 말만 반복했다.

어쩌다 죽음에 관한 이야기가 나왔다. 올해 안에 별 다섯 개가 질 거라는 예언이 떠돈다는 말을 내가 갑자기 꺼내고부터였다. '그럼 유명한 사람만이 별이 되고 유명인이 아닌 사람은 별이 못 되는 걸까.' 당연히 결론은 내지 못했다.

돌아오는 길. 오른쪽으로는 검은빛 한강이 왼쪽으로는 언덕을 낀 넓은 공터와 낮은 산, 그 사이사이에는 작은 동네들, 드문드문 음식점이나 주유소 건물들. 오가는 차량이 뜸했다. 강과 산, 강과 마을 사이, 나도 풍경이 되어 달리면서 라디오의 노랫말을 곱씹어 봤다. 그 뒤의 노래들은 귀에 들어오지 않았다. 달은 저만치 휘영청 앞서가고, 사람을 사랑한다는 게 그리도 쓸쓸한 일일까. 그러고 보니 달도 쓸쓸하여서 나보고 봐달라 저리 환하게 들이대고 있는 건가? 딸의 얼굴을 잠깐 보고 나니 더 허전해지면서 라디오 진행자의 낮은 목소리처럼 기분이 착 가라앉는다. 나랑 마주보며 뒷걸음질로 앞장서 비춰주던 달빛도 더 차분해진 듯했다.

이승에 머무는 동안 쓸쓸하지 않은 생이 있을까. 죽음에 관한 이야기들이 계속 머릿속을 맴돌았다. 거기에 노래까지 더해지면서 내내 죽음과 사랑이란 무엇인가 하는 생각으로 집에 오는 길이 어두웠다.

사랑이 끝나면 이 세상도 끝난다니, 전쟁 같은 삶에 내몰린 이들에게는 호사스러운 말일 수도 있겠다.

오래전 나는 아버지 산소엘 다녀오겠다고 무턱대고 길을 나선 적이 있다. 고향 선산으로 모셔가기 전의 일이다. 공원묘지가 서종리에 있는 무궁화공원이라는 것까지는 잘 알고 있었다. 아무도 못 말리는 고약한 자신감으로 서종리까지는 잘 찾아갔다. 그러나 그곳에 도착해서야 산소 자리 번호를 모르고 있다는 걸 깨달았다.

아버지를 공원 묘지에 모시던 그해 1월에는 눈이 많이 내렸다. 공원묘지가 조성된 지 얼마 되지 않은 때라서 산 위쪽은 아직 정돈조차 되어 있지 않았다. 울퉁불퉁하게 얼어붙은 산을 소복 치맛자락에 걸려 고꾸라질 듯 오빠들 발뒤꿈치만 코앞에 모시며 따라 올라갔었다.

'꽤 높은 산등성이 어디쯤'이었다는 그날의 기억을 더듬으면서 씩씩하게 올라갔다. 그립다는 마음만으로 무작정 길을 나선 행위 자체가 참으로 경솔했다. 가고 보면 낯선 비석이고 또 돌아서 옆으로 가면 거기도 아니었다. 아래에서 짐작했던 것과 너무도 달랐다. 올라갈수록 점점 더 혼란스러웠다. 온몸에 식은땀이 흘러내렸다. 울고 싶었다. 이럴 수가. 이런 딸을 딸이라고. 세상에, 이런 자식이 또 어디에 있겠는가. 허탈해져서 멍하니 서 있는데 땀까지 식으면서 오싹, 몸이 죄어들었다. 아버지가 어디선가 지켜보면서 혀를 끌끌 찰 것만 같았다. 결국 이날 아버지 산소를 찾지 못했다.

오빠에게 전화해보거나 관리실에 들르던지 그럴 걸, 뒤늦게 후회했지만, 이제야 물어보기에는 부끄럽고 그 와중에도 자존심 상하는 일이라고 도리질했다. 혹시라도 누가 볼까 봐 고개를 푹 숙이고 도망치듯 내려왔는데 오를 때는 그리도 힘겹더니 내려오는 것은 순식간이었다. 집으로 돌아가는 나를 아버지가 가만히 바라보고 있는 것 같았다.

산세가 정말 좋다 양지바르다 하지만 눈앞의 경치를 보는 건 우리들이지 돌아가신 분은 아니다. 그런데도 아버지는 사계절 내내 풍경을 보고 계시리라고 생각하는 것이다. 인적 없는 산등성이, 온갖 모양의 구름과 거친 비와 햇빛, 별 아래에서 침묵하는 묘지, 천둥과 번개에는 어떻게 견디며 밤에 우는 온갖 짐승, 새,

벌레 소리에는 또 얼마나 적막하겠는가. 자식들을 만나는 것은 일 년에 겨우 한두 번, 말 그대로 적막강산이니 그 고요함은 말로 표현할 수 없을 것이다.

지금은 고향 선산으로 부모님을 모셔왔다. 처음 아이들을 산소에 데리고 간 날 나는 오래전 공원묘지에서 일어난 일을 더듬거리며 얘기했다. 듣고 있던 아이들은 "외할머니, 외할아버지 정말 보고 싶다…." 하더니 한동안 묵묵히 앉아있기만 했다.

자식들이 왁자하니 떠들다가 가버리면 부드럽고 따스한 햇볕과 끝없이 펼쳐진 아늑한 논밭이며 소나무 향이며 풀벌레 소리만이 남는다. 자식들이 아침 햇빛처럼 반짝이다가 돌아간 날 저문 자리. 산소는 어떤 마음으로 바라볼까.

남녀의 사랑, 부모 · 자식의 사랑, 조국에의 사랑, 벗에의 사랑…, "사는 동안에 한 번 잊지 못할 사람을 만나고 잊지 못할 이별도 하지/(…) 사랑이 끝나고 난 뒤에는 이 세상도 끝나고 날 위해 빛나던 모든 것도 그 빛을 잃어버려…."(양희은, <사랑, 그 쓸쓸함에 대하여>).

내가 쓸쓸하게 비치는 것도 원치 않고 내가 다른 사람을 쓸쓸하게 하고 싶지도 않다. 내 마음 가운데에는 먼저 떠나거나 생이별을 한 공허한 눈동자가 쓸쓸하게 자리 잡고 있어서 가슴이 자주 서늘하다.

제2부

보여주기

고도孤島를 살다

보여주기

김은옥 엄마

아이부터 어른까지

쉽게 하는 말

옳은 말만 하는 나무

흰둥이 누렁이

말줄임표

버팀목

고도孤島를 살다

여기는 시화호 휴게소. 저만치 낚싯배가 지나가는데 중국 산수화에서 보던 풍경을 닮았어요. 갈매기가 끼룩 웃습니다.

여러 해 소식 없이 지내던 사람에게서 문자가 왔습니다.

"언니, 보고 싶다. 밥 한번 먹자. 통화데이터가 6분밖에 남지 않아서 문자하는 거야."

바다를 봅니다. 바다도 무슨 생각 중인지 잠잠합니다. 분명 바람은 불고 있는데 넓은 바다에 물결이 일지 않습니다. 가까운 섬 앞쪽으로만 물결이 서로 교차하듯 맴도는 듯 잔물결이 일고 있습니다.

도시와 가까운 바다마다 조형물이 하나둘 세워지고 있네요. 집 안마당 꾸미듯 집안에 연못과 정자를 들이듯 자꾸 무언가 세우고 있어요.

겨우 걸음마 뗀 아기까지 와서 이 바다를 보고 있습니다. 초등학생들도 단체 견학을 왔나 봅니다. 화장실에 갈 사람은 뛰지 말고 다녀오라는 인솔자의 말이 끝나기가 무섭게 통통한 아이들의 다리가 화장실을 향해 냅다 통통댑니다. 발그레한 얼굴에 조그만 이를 드러내고 함빡 웃으면서 마구 뜁니다. 화장실에 가지 않는 녀석들은 몸을 뒤틀고 재잘대며 기다립니다.

그 옆으로 한 무리 여자들이 휘적휘적 지나갑니다. 텔레비전에서 본 북한 여군들 같습니다. 구불구불 반짝거리는 파마머리가 바닷바람에 고슴도치 가시처럼 곤두서다가 좌우로 패대기쳐지며 헝클어집니다. 뒤통수마다 희고 동그란 호수가 생기다가 덮였다가 합니다. 나란히 바다에 등을 보인 채 사진 찍기에 열중하느라

주춤주춤 엉킵니다. 이번에는 비스듬히 자세들을 바꿉니다. 그러고는 옆모습 사진을 찍더니 바다고 뭐고 뒤도 돌아보지 않고 떠나네요.

관광 일정이 빠듯한가 봅니다. 인솔자가 계속 마이크로 독촉해댑니다. 갈매기 한 떼가 과자봉지를 노리며 그 주변을 맴돌다가 맥없이 흩어집니다. 헛물켜고 닭 쫓던 개마냥 꺅꺅 어이없다는 듯 뭐라뭐라하던 갈매기들이 다른 관광객에게로 서둘러 날아갑니다.

잠시 바닷가 한쪽이 적막해집니다. 저 먼 섬들은 다른 세상처럼 푸르스름하고 무심하게 보이고 오후는 여전히 땀을 흘리고 있습니다.

또 다른 중년 여자들이 바다를 등지고 섭니다. 선글라스 모델처럼 모두 선글라스를 끼었어요. 두 줄로 서서 사진을 찍습니다.

이번에는 좀 이상한 무리가 보입니다. 하얀 와이셔츠에 넥타이를 맨 정장 차림의 중년 남자 한 떼. 그들도 차에서 내리자마자 약속이나 한 것처럼 바닷가로 직진합니다. 그 중년 남자들도 역시 사진을 찍은 뒤 삼삼오오 흩어집니다. 장례식장에 다녀오는 사람들인지 이곳에는 왜 들른 건지, 살짝 궁금해집니다. 가끔 허옇게 혓바닥을 널름거리는 바다, 왜 사람들은 바다를 배경으로만 사진을 찍는지요.

그러나 나는 곧 다른 생각에 빠집니다.

바다를 보면서 문득 어머니 임종을 떠올립니다. 텅 빈, 어둡고도 붉은빛이 도는 동굴의 빛. 임종 직전, 고통에 시달리던 고독한 눈동자, 어머니.

돌아올 수 없는 길목에서 무언가를 붙잡으려 안간힘을 쓰시던 두려움 가득한 눈동자. 매 순간 나는 허공 가득 떠오르는 그 눈동자에 사로잡힙니다.

나는 아무래도 이 세상에 빚만 지고 가나 봅니다. 조금이라도 갚을 수 있다면 오죽 좋을까요. 힘겹게 고개 들어 마주치던 그 눈빛. 여기 바다에, 하늘에, 내 눈에, 내 가슴에….

소식 없던 사람에게서 온 문자처럼 나도 저 하늘 어머니에게 문자라도 한 번 보내고 싶습니다.

집에 돌아오는 길목 횟집 계단에 앉아 바닷물이 조금씩 차오르는 것을 바라봅니다. 바닷물끼리 고랑을 세우며 밀고 당기고 멈출

듯 물러날 듯 가까이 차오르고 있습니다. 밀물이 데려온 바닷바람에 문득 유리창이 흔들립니다.

계단 아래에서는 쌓인 굴 껍데기 더미에 고양이 한 마리가 머리를 박고는 생선 한 마리를 열심히 뜯어먹고 있습니다.

불빛이 선명해질수록 물결은 더욱 어두워지고 왜가리 두 마리가 어둠 속에서 미동도 없습니다. 나란히 서서 캄캄한 물속을 들여다보고 있습니다. 깊은 생각에 빠져있는지도 모르지요. 저물녘에는 사람이건 짐승이건 하나같이 생각이 깊어지나 봅니다.

온통 모든 것이 검은빛입니다. 하늘도 까맣습니다. 밝은 눈으로 어두운 곳을 보지 못하는 나를 비웃듯 슬레이트 처마 위에서 폐타이어 위로 갈매기들이 요란스레 야옹거립니다.

바다 휘파람이 뱃고동처럼 길게 울립니다. 떠날 시간입니다. 나는 작은 형광등 불빛에라도 기대어 구만리장천 남쪽나라로 떠났다는 봉새를 좇으려 합니다. 하루살이 투명한 날갯짓으로 멀리 날아갈 겁니다.

보여주기

카페에 앉아 지나다니는 사람들에게 우리를 보여주고 있다. 할머니 할아버지가 들어오더니 옆 테이블에 자리를 잡는다. 그들은 뭘 보여주고 싶은 걸까.

쨍- 소리가 튄다. 옆자리 할머니가 커피를 엎질렀나 보다. 테이블 위를 닦으면서 누군가의 흉을 본다. 맞장구치던 할아버지가 갑자기 몸을 숙여 여자의 구두를 닦는다. 그런 모습을 성경에서 본 것 같다. 이미 반질반질 광이 나는 검정 구두를 카페 재활용 휴지에다 침을 뱉어가며 그것으로 구석구석 문지른다. 빠르게 움직이는 그 손을 따라서 할머니의 말도 점점 빨라진다. 입이 구두코에 닿겠다.

등산복 차림 청년 무리가 들어온다. 저들은 또 뭘 보여주려나. 우리 테이블에 놓인 의자를 가져가도 되겠냐는 손짓을 한 뒤에 의자를 가져간다. 약속이나 한 것처럼 등산복이 모두 먹색이다. 카페 한가운데에 몸집 좋은 먹색 대여섯이 둘러앉고 나자 불빛까지 칙칙해지는 듯하다.

커피숍이 그리 넓지 않았는데 이제는 비정상적으로 좁아진 느낌이다. 그만 일어날까 어쩔까 눈빛을 주고받다가 언뜻 이상했다. 두 노인의 목소리도 작아진 듯하고 다른 소음까지도 가라앉은 듯, 뭔가 달라진 느낌에 주위를 둘러보았다.

청년들이 손으로 대화를 나누고 있다. 종이에 뭔가를 표시해가며 느릿느릿. 칙칙하던 불빛마저 분홍빛으로 보인다. 카페 안의 공기까지 모두 수화 속으로 감겨 들어간다는 착각까지 든다. 그 어떤 대화보다도 조용한, 그러면서도 주위를 끌어들이는 소란스러운 손짓.

던지듯 뱉어내듯 할퀴듯 끝장내려는 듯 서로 도망다니기에 바쁜 우리의 대화를 주저앉히고, 불면을 닮아가며 흐트러지는 나른함을 조여 주는, 식곤증같이 고단하게 흐려지는 선입관에 끌끌하면서, 등골이 서늘해지는 순간이다.

얼마나 사랑스러우며 애교가 넘치는가. 눈 맞춰가며 눈빛을 빨아들이며, 서로의 눈동자 속으로 잠겨들듯 손과 눈과 표정을 다 끌어모으며, 물결치듯 사랑의 춤을 추듯 꿈을 꾸듯, 의자를 들어 조용히 테이블 아래로 밀어 넣듯 그렇게 서로를 배려하면서.

다시 우리는 우리를 보여주러 십리포를 찾아간다. 십리포의 소사나무가 우리를 불러들이는 것이다. 갈비뼈 깊숙이 바다 울음이 스며있는 나무. 얼마나 보여줄 게 많았으면 저리도 온몸을 부들대는 걸까. 따스한 아지랑이가 모래톱을 간질일 때면 희뜩한 나뭇가지가 더욱더 뽀얗게 보이는 소사나무.

바람이 낙엽 한 장 무동 태우고 뜀박질하면서 수평선과 키 재기를 하곤 하는 해변. 하늘과 바다가 맞닿은 곳에 언제나처럼 반짝이는 은빛 비행접시들. 뭍으로만 기우는 해변의 나무 담장 아래 잔물결 가득한 모래 빛이 싱싱하다.

소사나무는 바다를 잡아먹고 바다는 하늘을 잡아먹고 모래는 바람을 잡아먹고 산다. 공중에서 그네 타던 아기 바람이 조개껍데기 속으로 숨바꼭질하러 가는 해변.

소사나무가 예전의 소사나무 빛깔이 아니다. 몸체들이 거무죽죽해지고 전체적으로 음침한 느낌이 든다.

마음에 모래처럼 씹히고 눈에 밟히던 꿈을 네게 얘기한다. 아스팔트 틈새 오래전의 흙먼지 하나하나까지 끌어모을 듯 떠듬떠듬 떠올려 가며 묘사해 가며, 맞춰지지 않는 꿈 조각들을 어렵고도 어렵게 털어놓는다.

"개꿈이야."

"아냐!"

사이를 두었다가 다시

"그건, 개꿈이야!"

받아먹을 수 없는 먹이 던지듯 쉽게 개꿈이라고 한다.

그렇다면 네 꿈은 뭐냐고 묻고 싶은데 말이 되어 나오지는 않는다.

얼어붙은 네 마음이 송곳처럼 나를 찔러댄다. 네게서 얼음 파편이 튄다. 날 선 파편들에 급소를 찔려서 나는 움직일 수 없다. 진저리가 나도록 차가운 그 조각들, 사방이 비 올 때처럼 컴컴해지고 커피도 시간도 우리도 지나치게 어두워져 간다. 파편에 찔린 통증이 온몸으로 번진다. 흰색 도자기 잔에 담긴 커피가 사약으로 보여서 나는 한 방울도 남기지 않고 그것을 마시지만 마셔도 마셔도 줄어들지 않는 사약. 죽지도 못하고 영원히 사약 같은. 온몸에 소름이 돋는다. 너도 커피잔을 들어 올린다.

네가 피를 마신다는 상상을 한다.

드라큘라가 화면 가득 피를 마시고 있는 모습을 보여주고 있다. 영화는 아닌데 네게서 얼음 바람이 분다. 검은 얼음을 만드는 네 검은 혀.

우리에게 자신을 보여주려고 찾아왔던 소사나무는 이제 담장 너머에 늙어있다.

바다는 여전히 파도 타기를 하는데 우리는 우리 마음의 부들거림 때문에 이제 이곳마저 불안해졌다. 우리는 서로를 부축하고서

관절염을 앓는 사람들처럼 비척비척 카페를 나선다.

까만 비비탄 같은 갈매기 눈이 정확히 먹이를 조준한다. 파도는 자기들만의 질서대로 전진 후퇴를 반복하는 중이다. 하늘에서는 거대한 시계가 돌아가고 오늘도 몽실몽실 꽃들은 피고 진다.

어두워진 내 마음을 알아챈 건가. 밤하늘이 하얀 뿌리를 말긋말긋 내어 보여준다. 허공에 잔별들의 뿌리가 촉촉하다. 저 수많은 별 위로는 얼마나 크고 밝은 숲이 있을까. 숲을 찾다가 달을 보다가 달을 움켜쥐었는데 손안에 아무것도 없다. 어린것이 내 얼굴을 쥐어보려고 고 조그마한 손을 내젓다가 도리어 내 목을 껴안아 버리듯 나도 눈으로 별을 껴안는다. 내 눈동자에 어린 별들이 뿌리를 내리고 어린 별 옆으로 별 가득 허공 가득, 뿌리 뽑히지 않는 상처도 있다.

우리는 서로의 말속에서 시조새며 고래잡이배며 태풍의 눈이며 파도 위로 몰려오는 먼 옛날의 라디오 주파수며 초겨울 검푸른 눈동자를 찾을 때가 있다. 물결 너머 보이지 않는 까마득한 낭떠러지를 생각할 때가 있다. 말에 생략이 필요할 때도 있고 숨겨진 말을 잘 알아들어야 할 때도 있다.

모든 결과에는 원인이 있게 마련이다. 모든 생각이 가방에 실려 오늘도 길을 간다. 잘 묵은 햇살 냄새가 후끈 식욕을 돋운다.

모든 것들은 자신을 보여주고 싶어 하는데 우리는 우리를 보여 주지 않는다.

다음에 보여줄게.

김은옥 엄마

어릴 적 길 잃을 뻔한 적 있다. 언니 오빠들과 동네 방죽에 놀러 갔을 때다. 방죽에 있다 보면 메아리가 들리곤 한다. 산이 운다 했다. 그날도 산이 울었던 모양이다. 언니, 오빠들은 송사리 잡느라 난리법석이어서 나만 그 소리를 들었나보다. 나를 부르는 소리 같았다. 소리 쪽으로 걸어가기 시작했다.

산 그림자였나. 갑자기 주변이 어두웠다. 그때 언니, 오빠들이 외쳐 부르는 소리가 들렸다.

작은아이가 자주 아파 병원을 밥먹듯 다녔다. 병원 한 번 다녀오면 파김치가 되었다. 숭실대 후문 쪽 언덕길을 올라야 하는 좁은 철제계단으로 통하는 이층집에 살 때였다.

장보러 갈 때마다 늘 두 아이를 데리고 다녔다. 큰녀석은 종종걸음으로 따라오느라 얼굴이 발개지며 숨을 몰아쉬었고, 등에서 잠든 둘째 놈은 자꾸 아래로 몸이 처지면서 힘들게 했다. 양 손에 든 짐 때문에 포대기를 쉽게 추스르지도 못했다. 늘 땀범벅이었다. 그래도 울지 않고 떼도 부리지 않는 큰녀석이 든든하기까지 했다.

큰아이를 집에 혼자 두지는 못하고 꼭 꼭 데리고 다녔다. 그 세 살 먹은 어린것에게 겨우 돌 지난 동생을 맡겨놓은 채 시장을 다녀온 적 있다. 부지런히 다녀오면 되겠지 싶어 장난감이며 간식을 마루에 펼쳐두고 밖에서 문을 잠갔다. 창문도 모두 잠가놓았다.

급히 다녀온다고 뛰다시피 돌아다녔는데 시간이 꽤나 걸렸나보다. 현관문을 열며 아이들 이름부터 불렀다. 지나치게 조용했다. 불안했던 것도 잠깐, 아! 이게 무슨 일인가. 중문에서부터 마루에 온통 쌀이 깔려 있었다. 쌀통은 현관과 마루 사이에 있었는데 두 녀석 중 한 놈이 버튼을 누른 모양이다. 요강도 엎어져 있었다. 염소 똥 같은 똥 덩어리 몇 개가 쌀과 버무려져 있었다. 아이들만 두고 다닌 것이 후회되었다.

두 녀석들은 무슨 일 있느냐는 듯 엄마가 왔거나 말거나 사랑스런 뒤통수만 보인 채 고개를 숙이고는 장난감에 전념 중이다.

작은녀석이 똥을 먹지는 않았을까? 이상한 일이었다. 쌀과 똥 덩어리가 따로 놀고 있었다. 냄새도 없었다. 다 말랐던 걸까? 귀신이 곡할 노릇이었다. 큰아이가 나름대로 처리를 한 모양이었다. 지금까지도 수수께끼다.

동생이 창턱에 매달려서 밖을 내다보려 하면 동생 허리를 껴안으며, "성재야, 성재야, 안돼, 안돼." 얼굴이 발개지도록 젖 먹던 힘까지 다 끌어모아 동생을 붙잡고 있던 큰아이.

큰아이가 다섯 살 때 아파트 2층으로 이사했다. 아파트 단지라서 애들 뛰어놀기에 좋은 곳이었다.

아이들은 아파트 뒤 잔디밭으로 몰려다니거나 놀이터에서 종일 놀다 들어오곤 했다. 또래들이 많아서 좋았다.

커갈수록 둘째 녀석은 장난꾸러기가 되었다. 동네 아이들이 날마다 오르내려 미끄럼틀처럼 다져진 교회 옆 언덕을 둘째 녀석은 자전거 타고 미끄러져 내려오곤 했다. 한길가라서 상당히 위험했다. 어머니가 놀라 마구 달음질치며 녀석을 잡으려 했으나 재빠른 녀석을 잡기에 어머니는 힘이 부쳤다. 한숨만 쉴 뿐이었다.

놀이터에서 돌아오는 두 아이 체육복은 흰색이 재색으로 변해 있곤 했다. 현관으로 들어서던 아이들이 나를 보더니 큰아이나 동생이나 서로 한 손으로 막아서며 어쩔 줄 몰라 했다. 장난꾸러기 동생도 흙 범벅이 된 온몸으로 엄마에게 혼날까 나를 바라보는데 그런 아이들의 표정을 보면서 나도 화를 낼까 말까 하다가 깨 벗겨서 목욕탕으로 데려가곤 했다.

집 뒤 잔디밭에서 외쳐 부르는 소리가 들렸다.

"김은옥 엄마~~. 김은옥 엄마~~."

긴가민가했는데 옆에 있던 동네 여자가 "성재 엄마 부르는 소리 같은데요.” 한다.

두 녀석이 고개를 완전 젖히고는 해님 같은 얼굴로 나를 부르는 것이다. “백 원만 던져주세요. 뭐 사게요.” 한다. 안 줄 수가 없다. 동네 여자들이 우리 아이들을 보면 김은옥 엄마 김은옥 엄마 흉내 내며 웃곤 했다.

그 젊은 김은옥 엄마는 어디로 갔나.

아이부터 어른까지

아이가 통곡을 한다. 화분 앞에 앉아서. 웃을 수도 나무랄 수도 그렇다고 같이 울 수도 없는 상황이다. 어떤 표정을 지어야 할지 난감하다.

두 달 전, 새끼거북이 두 마리를 샀다. 송파 어디쯤이었는지 가물가물한데 그 수족관의 청록색 물빛만은 또렷하게 떠오른다. 물고기며 거북이 등을 파는 곳이었다.

아들 녀석이 구경하고 싶다 해서 들어간 가게. 그런데 아들 녀석이 거북이를 사자는 것이다. 이미 금붕어며 새 키우기에 실패한 경험이 있던 터라 나는 시큰둥했다. 키우기 어렵다 해도 막무가내다. 가게 주인까지 거든다. 두 마리를 사들었다. 봉지를 든 아들 표정이 아주 득의양양했다.

숨바꼭질하는 그놈들을 찾는 일은 오로지 내 몫이었다. 애들 등교한 뒤 먹이를 주려고 보면 거북이가 보이지 않는다. 찾아보면 장롱 옆이나 책상 안쪽 귀퉁이 등 아주 어두운 곳에 들어가 있다. 처음에는 거북이 몸통이 징그러워서 손도 잘 대지 못했는데 숨바꼭질이 계속되다 보니 아무렇지 않았다.

뭐가 잘못된 걸까. 먹이, 물, 돌멩이 할 것 없이 챙겨주고 불빛까지 가려주며 환경 조성도 잘해줬다 싶었는데. 스트레스 받을까 봐 티비 소리, 말소리, 음악 등 모든 소리 나는 것들에도 신경 쓴다고 썼는데.

아이는 학교에서 돌아오면 거북이부터 들여다봤다. 오늘도 책가방 놓기 바쁘게 티비 옆에 놓인 거북이 집부터 들여다본다. 조용하기에 같이 노나 보다 했는데 갑자기 소리를 지른다.

"거북이 죽었어! 내 거북이 죽었어!"

정말 죽어있었다. 이상했다. 분명 아침까지도 멀쩡했는데, 물도 깨끗했는데, 지금은 물이 흐려 있었다. 어찌된 일일까. 말을 잃었다. 아들과 나는 한참 멍하니 있었다. 어떻게든 이 상황을 수습해야 했다. 아직 초등학교 4학년생인 어린 마음이 또 상처받을까 걱정되었다.

밖에 내다 묻어주자 해도 대답이 없던 아들이 갑자기 행운목 화분의 흙을 파내기 시작했다. 거북이 둘을 그곳에 넣고 흙을 덮는 것이다. 그러고는 고개 숙이고 있다 갑자기 대성통곡을 한 것이다.

지금도 거북이를 화분에 묻어놓고 통곡하던 아들을 떠올릴 때면 저절로 웃음이 나오면서 마음이 참 따뜻해진다. 눈물콧물 흘리면서 엉엉 울다가 울음을 그치더니 한동안 가만히 앉아있었다. 그리고는 거북이를 다시는 안 키울 거라고 그랬다. 거북이 덕분인지 행운목은 잎도 튼튼하게 아주 잘 자라주었다.

가끔 거북이가 잘 있는지 흙을 한번 파보자고 나를 졸랐다. 묻기는 자기 손으로 묻었지만 선뜻 헤집지는 못하겠나 보았다. 나는 그때마다 말리곤 했다. 아마 벌레가 생겼을지도 모른다고. 이미 흙속에서 상했을 것이라며 말렸다.

한 번은 친구한테서 메추리 새끼를 얻어왔다. 키우기 어려운 동물들을 왜 자꾸 데려오는지 골치가 아팠다. 새 키우는 방법을 잘 몰랐던 우리는 얻어들은 대로 물과 병아리 모이를 주었다. 정성을 들인다고 들였는데도 겨우 이틀 살고는 죽어버렸다. 메추리 새끼의 죽은 모습은 끔찍했다. 바깥에 잘 묻어주자고 아들을 설득했다. 귀엽던 모습은 온데간데없이 축 늘어져 있는 게 이상하게 보였나 보다. 다행히도 메추리 새끼를 휴지에 감싸서 바깥 화단에 묻어줄 수 있었다.

아들이 초등학교 1학년 때다. 봄이면 학교 정문 앞에서 박스에 병아리를 가득 담아놓고 팔곤 했다. 아들이 병아리 두 마리를 사 왔다. 백 원이었다고 자랑한다. 아파트단지에서 어떻게 병아리를 키운단 말인가. 물론 아들은 자신만만했다. 자기가 물도 주고 밥도 주고 똥도 치울 거란다. 그렇게 병아리를 키우기 시작했다.

노랗고 보드라운 몸뚱이. 무게가 느껴지지 않는 솜털 같은 몸. 쥐눈이콩보다 작은 까만 눈. 투명한 분홍 발. 아기 숟가락 같은 작은 날개. 쪼끄만 머리통. 애들과 앉아 있으면 병아리 두 마리가 다리 사이로 파고들었다. 아이들은 간지러워서 몸을 움츠리며 즐거워했다. 다리 위로 손등 위로 올라와 가볍게 통통거리는 모습이 참 귀여웠다.

가을이 지나면서 마루에 찬바람이 돌았다. 병아리들이 추울 것 같았지만 방안으로 들일 수는 없었다. 보온밥통 안에 수건을 겹쳐 깔고 병아리들을 넣어주었다. 나무주걱을 걸쳐서 병아리들이 빠져나오지 못할 만큼만 뚜껑도 열어두었다. 새벽에 나가보면 병아리들은 축 늘어진 채 깊은 잠에 빠져있었다.

낮이면 바깥 풀밭에 내려놓았다. 제 몸의 절반 길이는 됨직한 지렁이를 꾸역꾸역 삼키고는 한동안 가만히 서있던 모습. 시금치 꼬투리를 잘 먹기에 일부러 시금치 머리 부분만 잘라놓으면 두 놈이 달려들어 정신없이 먹어치우던 일. 위층 나래 엄마도 병아리를 키웠다. 어떻게 알았는지 따라 나와서 우리 병아리 옆에 자기 병아리를 풀어놓고는 자기 것이 더 크다고 우겼다.

갓난아기 같던 병아리들이 부쩍 자랐다. 마루에서는 더이상 키우기 어려웠다. 빈 사과상자에 넣어 베란다에 두었는데 상자 밖으로 목이 쑥 올라올 정도였다. 노랗던 솜털이 빠지고 눈알에는 노란 빛이 짙어지면서 제법 닭의 모습을 갖춰 갔다. 주인을 알아보는지 애들이 학교에서 돌아와 들여다보면 꼬꼬거리며 소란을 피웠다.

어느 날 애들 친할머니가 닭을 보더니 감탄을 했다. 어떻게 이리 잘 키웠느냐, 아파트에서 어떻게 키우겠느냐, 당신이 잘 키워 보겠다며 기어이 가져갔다. 안 그래도 몸집은 자꾸만 커지고 날개까지 요란스레 퍼덕이며 행동이 거칠어져서 저걸 어떻게 키워야 하나 걱정되던 터라 별 반대도 하지 못했다.

학교에서 돌아온 아이들은 울고불고 난리였다. 할머니 나쁘다, 왜 데려갔냐, 다시 데려오자고 나를 채근했다. 한 달쯤 지나자 도저히 더는 안 된다며 할머니한테 가보자고 졸랐다.

청천벽력 같은 소리였다. 닭은 이제 없다는 것이다. 할머니는 애들의 사촌동생들을 돌보던 중이었다. 그 손주들에게 몸보신시켰다는 것이다. 이걸 어쩌나. 애들에게 뭐라고 해야 하나.

닭들이 병들어서 저세상으로 갔다고 거짓말할 수밖에 없었다. 친할머니가 닭을 잡아 자기 사촌들에게 먹였다는 말을 어찌 전할 수 있으랴. 아이들은 두고두고 '우리 뺑아' '우리 콩아' 병아리들

이름을 부르며 그리워했다.

나중에 고모가 이런 말을 했다. 그렇게 말귀 알아듣는 닭은 처음 봤다는 것이다. 모이를 줄 때나 똥을 치울 때나 사람 알아보는 거나 꼭 강아지 같았다는 것이다.

아이들이 닭에 정을 쏟거나 장난감을 모으거나 만화테이프를 모으거나 이런 것들이 보기만 해도 참 사랑스럽다.

정 많은 아이들은 변함없이 외조부모 이야기 닭 이야기 거북이 이야기 등 자신들이 정 주었던 대상과 자신들이 받았던 사랑에 대해 그리워한다.

장례문화 예식문화 돌잔치 환갑잔치 칠순잔치 팔순 구순…. 기쁘고 슬픈 일들을 순정한 마음으로만 대하던 세상에서 이제 우리는 많이 비껴나 있다.

아이가 거북이를 화분에 묻어주며 대성통곡으로 조문하던 일은 무엇과도 바꿀 수 없는 소중한 추억이다. 자다가도 병아리들이 잘 있나 발개진 볼로 뒤꿈치 들고 가만가만 나와 살펴보던 그 모습도 소중하다.

쉽게 하는 말

아기가 프린터에서 A4용지를 뽑아낸다. 몰두해 있다. 서툰 손으로 잡아 빼는데 뽑는 족족 망치고 있다. 구겨진 이면지를 따로 모을 줄도 안다. 이제 겨우 아장아장 걷는 내 손주. 마음 같아서는 무엇을 만지고 어떤 것을 망가뜨린다 해도 모른 척, 아니 오히려 오냐오냐 하고 싶은데 막상 그렇지 못하다. 내 외손자 얘기다.

내 새끼가 심하게 아프거나 다치거나 그래서 내가 당황하고 불안해할 때 어른들은 무심한 낯빛으로 나직나직 다독이곤 했다. 사람 목숨만큼 질긴 게 없단다. 생각보다 질기고 강해. 무지근하게 돌보며 기다리다 보면 어른이 되어 있어. 너도 그랬어. 크느라고 그렇게 아픈 치레를 하는 거야.

카페 옆자리에서 나이 지긋한 두 여인이 얘기를 나눈다. 둘 다 손주를 돌보는 모양이다. 주로 한 사람이 이야기하고 옆 사람은 추임새를 넣는다.

"미리 짜놓은 대본대로 하나씩 진행되어 간다는 느낌이야. 이렇게 저렇게 새벽부터 뜨개질, 강의, 운동 기타 등등 정신없이 하다 보면 그런 생각이 드는 거야. 쉬고 있어도 되는데 아둥바둥 이거도 하고 끝나면 저거도 하고 쉴 새 없이 하고 있다 싶어도 그게 다 미리 짜놓은 대본대로 움직이고 있다는 생각이 들 때가 있어."

나도 비슷한 생각을 한 적 있다. 내가 계획했던 것, 생각해 놓았던 것을 미처 실행하기도 전에 다른 급한 일이 생기거나 손주가 아파 내 계획은 뒤로 미뤄진다. 손주 돌보는 일이 참 힘든데.

옆 자리 여인의 한탄이 이어졌다.

"지 남편이지만 내 새끼잖아. 내 새끼를 새끼라고 하는데 뭐가 잘못되었다는 거야. 아주 질색을 한다니까. 다 거기서 거기야. 그 놈새끼는 왜 전화를 안 받냐 하면 아주 질색을 한다고."

"할 말만 딱 하고 즈들이 너무 힘들 때만 오세요. 하지. 손주를 때리지도 않았는데 때렸다고, 아이들은 거짓말 안 해요, 그러면서. 신경 쓸 것 없더라구. 지 엄마 말이나 듣지, 내가 말하면 어느 개가 짖나 들은 척도 안 해. 다 그라고 살어. 아이구 혼자 살아야지. 즈들은 같이 살 수 있을 것 같어? 아이구 전기코드만치로 코드를 꽂았다 뺐다 할 수 있음 같이 살라 했어. 절대 같이 못 살어. 아들놈도 할머니가 버릇을 잘못 들인다 하고 다 마누라한테 맡기고."

외손자가 오늘도 아무런 세상 영문도 모른 채 앓는다. 아프다고 눈도 못 만지게 한다. 열도 나고 콧물도 나와 어린이집도 못 갔다. 아토피가 원인이라고는 하는데 비염 아토피 감기…. 하루가 멀다 하고 약 바르고 약을 먹인다.

내 새끼가 낳은 그 이쁜 것을 보러 출근하곤 하지만 가끔 힘이 빠진다. 아토피를 달고 산다.

외손자는 내 생애 가장 큰 기쁨이다. 또랑또랑한 말씨, 야무진

표정 하나하나, 귀여운 몸짓. 내가 전라도 사람이라 '저그 저그' 했더니 어느 날 '저그'가 아니고 '저기야' 하는 순간부터 놀라운 생명체를 받아 안는 더 큰 기쁨을 느꼈다.

A4용지쯤이야 얼마든지 구겨도 된다. 건강하게만 자라다오.

옆자리 대화를 생각한다. 나도 곧 며느리를 들일 것이다. 사위도 있다. 내 자식도 내 마음 같지 않을 때가 많고 자식들도 부모가 자기들 마음 같은 때가 드물 것이다. 부모 자식이라고 마음을 온전히 꺼내놓고 대화할 수 있을까? 노력해 봐야겠다.

옳은 말만 하는 나무

작은 나무들이 놀이터에 모여 있다. 빨간색 굴착기 장난감이 아기공룡처럼 그 사이에 끼여있다.

"빠간 공용 내 거야." '빨간 공룡은 내거야.'를 아이가 이렇게 말한다.

한 아기나무가 구부러진 모가지를 잡자 내 손자 시원이나무가 공룡 몸통 쪽을 잡아당긴다. 공룡 모가지가 부러졌다. 하루치 힘을 다 쓰며 버티던 시원이나무. 엉덩방아를 찧고 운다.

"공용 뿌어져쪄. 공용 뿌어져쪄."

부러지는 공룡이라니.

어린 나무들이 엄마 손 잡고 떠난 놀이터에 부서진 공룡만 남았다. 진짜 굴착기가 아파트 놀이터의 보랏빛 흙을 파헤친다. 시원이가 눈 하나 깜빡이지 않으며 지켜본다.

장난감들 앞에 앉아서 굴착기 흉내를 내며

"구짜끼는 왜 흙을 막 파? 왜 구짜끼야?"

중장비에 대해 잘 알지 못해 대답이 궁해졌다. 응 잠깐만~. 하고 대충 대답한 뒤 불도저 덤프트럭 등 온갖 중장비 그림이 실린 그림책을 찾아냈다. 처음 보는 기계들이 많다. 같은 곳을 여러 번 읽어주다 목이 잠겨갈 때쯤에야 아기나무님께서 다른 장난감에 관심을 돌리신다. 외손자가 만 두 살 때였다.

안양에서 이틀 아이를 보살피다가 자양동 집으로 보내는 날. 미리 소변도 보게 하고 아이와 길 떠날 채비를 모두 마친 뒤였다.

"아직 멀었어? 다 왔어?"

출발한 지 5분도 되지 않아 재촉이 성화 같다. “다시 외할머니 집으로 돌아갈까?” 하면 “아니. 집에 가야지.” 한다. 대화가 반복되었다.

한남대교 진입을 좀 남겨둔 시점에서 아이가 막 운다. 아까부터 오줌 마렵다 했다. 비까지 제법 온다.

“차가 너무 많아서 차들이 기어가네.” 하면

“차가 기어가?” 하며 아이는 깔깔대곤 했다.

마음이 급해진 내가 달래보려고

“차가 밀려서 기어가니까 조금만 참아요 곧 쉬하게 해줄게.” 그러자 울음이 더 높아진다. 진땀이 흐르는데 갑자기 울음을 그친다.

“착하네. 우리 시원이 잘 참네.” 하자

“쌌어!” 한다.

“응? 쌌어?”

“응! 그냥 쌌어!”

개운하다는 표정이다.

얼른 “잘했어 잘했어. 강아지 괜찮아.”

칭찬해줬다.

강변도로에 들어서서 안전지대에 차를 세우고 아이를 안은 채 소변을 마저 보게 했다. 나는 비에 젖고 아이는 소변으로 젖었다. 만 세 살 때였다.

외할머니 집에 가고 싶다 노래 부르던 녀석을 데려오기로 했다. 네곰 내곰이 어쩐 일인지 준비물 안에서 빠져있다.

애엄마에게 눈짓으로 물으니 고개를 흔든다. 모르는 척 그냥 가라는 것 같다. 아이들마다 애착하는 물건이 있다는데 우리 시원이의 사랑은 네곰 내곰으로 부르는 곰 두 마리이다.

곰은 낡을 대로 낡아 뽀얗던 몸이 때가 절어 이제 잿빛이다. 없으면 잠도 못 잘 정도로 애지중지하는 곰, 두 마리. 늘어져서 꼴이 말이 아니지만 다른 사람은 손도 못 대게 하는 세탁할 새도 없는, 사랑한다고 볼을 문곤 하는 시원이의 사랑 1호다.

유치원 간 새 빨아 널어보아도 소용없다. 집에만 오면 득달같이 제 방으로 달려갔다가 곰이 없으면 불안해진다. 조금만 기다리면 보송보송하고 예뻐질 텐데 하는 말에도 소용이 없다. 제 몸보다 기다란 축축한 곰을 가슴에 안은 채 질질 끌고 온다. 번번이 자기

체온으로 곰을 말리곤 한다.

아이의 지극한 사랑을 받는 곰이 부럽다며 애엄마와 같이 웃는다.

자양동에서 안양까지 사십 분 내지 한 시간. 아이와 그 길을 오갈 때면 수많은 질문에 답해줘야 한다.

외할머니 집은 왜 이렇게 멀어? 친할머니 집은 천호대교만 건너면 되는데. 외할머니는 왜 멀리 사는 거야. 자양동으로 이사와. 얼마나 더 가야 해? 지루해하는 아이를 달래다 목이 칼칼해지곤 한다.

학의천에 갔다. 전처럼 징검다리에 오래 앉아 있어보자, 잉어 보러 가자, 그러지를 않는다. 징검다리 사이사이 간격이 크게 벌어진 곳만 찾아다니며 뛰어 건너려 한다. 물론 내 손을 잡아야 뛸 수 있다. 그러더니 아이스크림 먹으러 가자는 것이다. 추우니까 나중에 먹자 해도 지금 먹어야 한단다. 한참 걸어야 하는 것 알고 있지? 업어 달라면 안 돼. 끝까지 걸어야 해. 하니 그럴 거라고 씩씩하게 대답한다.

베스킨라빈스와 마주보고 있는 타이어프로 앞에서 아이가 멈칫

한다. 순간 내 손을 잡고 있던 조그만 아귀에 힘이 들어간다.

"저 차 왜 저러고 있어?" 1톤 트럭이 리프트에 올려있다.

"글쎄, 타이어에 문제 있나 봐."

"왜? 왜 타이어?"

"응. 여기가 타이어 전문점이래. 읽어 봐봐 무슨 글자야?"

"타이어 프로!"

원하던 솜사탕과 초코 아이스크림으로 대령했지만 잘 먹지 않는다. 마음에 차지 않는 모양이다.

"여기 거는 맛없어. 우리 다음에 자양동 집에 가서 다시 먹자." 한다. 영문을 몰랐지만 그러자고 대답했다.

다시 신호등 앞에 서 있는데, 아까 그 차 어디로 갔지? 저 차는 어디서 왔어? 묻는다. 트럭이 있던 리프트에 승용차가 올려있다. 다 고쳐졌으니 일보러 갔겠지 했다.

바람이 상당히 쌀쌀해서 아이를 업었다. 되도록 업지 않기로 했는데 내가 먼저 등을 대준 것이다. 업혀서는 내 등에 얼굴을 묻고 그 트럭 집은 어디냐, 왜 타이어가 고장 났냐, 이제 어떻게 하냐, 다른 자동차는 어디가 아프냐, 집에 갈 때까지 물어댔다.

외출 뒤 비누로 손을 씻으며 나보다도 철저하게 타이어전문점에 대해서 이야기하더니 갑자기 또박또박 하는 말이다.

"할머니. 글. 쓰지. 마!"

응? 이건 또 무슨 말인가?

"할머니, 글 쓰지 마. 안 써도 돼."

"시원아, 그게 무슨 말이야? 왜 할머니한테 글 쓰지 말라는 건데?"

"글은 일이 아니잖아. 쉬워."

"아니야, 아가. 글 잘 쓰려면 얼마나 어려운데."

"아니야, 쉬워."

"근데 왜 그런 말을 해?"

"타이어가 일이야. 글은 일이 아니야. 글 그만 써. 일하는 것은 타이어 일이 일하는 거지. 글은 그냥 쓰면 돼." 하더니 연필 잡고 글씨까지 써 보인다. 1 2 3 4 5 6….

아이가 내 뒤통수를 한 대 때렸다. 잠시 멍하니 아이를 바라보았다. 아이도 나를 똑바로 바라보고 있다.

"외할머니 왜 바빠? 왜 토요일에 오지 않아?" 할 때면, 글을 쓰려면 얼마나 많은 생각할 시간이 필요한지 외할머니에겐 글 쓰는 일이 아주 중요하다고 말하곤 했었다. 주말이면 자주 외할머니 뭐하냐고 칭얼대도 "외할머니 시간 없으셔. 바쁘대. 글도 써야 하고." 엄마아빠에게서 그런 대답을 듣던 아이. 글은 그냥 연필로 쓰면 되는데. 오늘 타이어 전문점을 지나오면서 바로 저게 일하는 것이지 싶었나 보다.

하룻밤 잘 거라는 예상과는 달리 엄마한테 가겠다고 해서 집을 나섰다. 마음이 착잡했다. 차 안에서도 타이어 얘기는 계속되었다. 나를 질책하는 소리 같았다. 글 쓴다더니 지금까지 뭘 쓴 거냐.

"왜 잠도 안자고 가려는데?" 묻자 가라앉은 목소리로

"내 곰이 없잖아." 한다.

아뿔싸! 애엄마와 내가 암묵적으로 준비물에서 빼버렸던 곰. 꼬질꼬질한 것을 품에서 한시도 놓지 못하니까 아토피가 심해지나 싶어 전전긍긍하던, 곰.

쌀을 일회용 용기에 담은 뒤 뚜껑을 고무줄로 엇갈려 고정하더니 자장면이라 한다. 면봉 끝을 화장 솜으로 동그랗게 말아 이건 솜사탕이라며 고무줄에 끼워 장식한다. 작게 오린 종이마다 호치키스로 집어 반찬이라며 뚜껑 위에 또 올린다. 이제 배달하러 갈 거란다.

상상력이 무궁무진한 아이.

"타이어가 일이야. 그런 게 일이라니까. 글은 쉬워. 글은 일이 아니야."

거의 울음을 터트릴 듯이 올려보던 그 표정이 내내 눈앞에 어른거렸다. 할머니가 글 쓴다고 자신을 소홀히 대한다는 서운함을, 제대로 표현하기 어려운 나이에 나름대로 표현한 것이다.

다섯 살 아이의 감정이 내게 온통 이입되어 아이 앞에서 글 쓰는 일이 참 어렵구나 생각했다.

흰둥이 누렁이

녀석들 눈치 하나는 빨랐다. 잘 가리던 오줌을 여기저기 지려놓질 않나, 어린이용 우산 손잡이 같은 진밤색 작은 똥덩어리를 장난감처럼 늘어놓지를 않나.

아들 친구가 자신이 다니는 회사 창고에서 유기견을 돌보는데 그 개가 새끼를 여럿 낳았다는 소리를 들었다. 새끼를 모두 돌보기가 어려워서 분양한다는 것이다. 입양해 갈 사람을 물색할 동안만 두 마리 정도 좀 맡아달라고 하필 내게 부탁을 해왔다. 거절도 못하고 졸지에 강아지 엄마가 되었다. 한 달쯤 지났을까. 아들 친구에게서 다시 연락이 왔다. 전주에 사는 분이 강아지들을 맡기로 했으니 곧 데려가겠다는 것이다.

같이 살던 한 달이 내겐 몇 달 같았다. 한시도 떨어지지 않는 녀석들 때문에 살이 쏙쏙 빠질 정도였다. 그런데 막상 데려간다니 보내고 싶지 않았다. 하지만 보내기로 했다. 직접 데려다주려고 주소도 받아 놓았다.

전주에 갈 일을 상의하느라 아들과 통화하면서 내가 정신없어 하자 강아지들도 내 마음을 이해하는 듯한 표정이었다. 두 녀석은 나만 졸졸 따라다니면서도 요리조리 잘 피해 다니는데 나는 그것들 조그만 몸을 피하느라 발이 엇갈려서 여러 번 넘어질 뻔했다.

수선거림도 잠시, 누렁이 녀석은 아예 소파 밑으로 들어가서 나오지도 않고 물끄러미 나만 바라보았다. 먹지도 않고 싸지도 않고 앞발에 턱을 괴고 엎드려 있는 녀석의 깊고 어두운 눈빛이 내 쪽으로만 향해 있었다.

짐승의 눈빛이 그리 깊을 수 있다는 것을 그때 알았다. 그 눈빛을 감당하기 어려웠다. 아무래도 빨리 데려다줘야겠다 싶어 마침 전주에 사는 큰언니에게 앞뒤 사정을 설명한 뒤 곧 들르겠다는 전화를 했다.

"이 밤에 뭐 그리 위험하게 오려고 그러는데? 왜 그리 서둘러? 지금 비도 오잖아! 내일 아침에 출발해도 되겠고만. 뭐가 그리 급한 거냐고."

갈피를 잡지 못하는 마음이었다. 강아지를 무사히 데려다줘야 한다는 생각에 전화 너머 큰언니의 말을 제대로 알아듣지 못했다. 시큰둥한 것 같기도 하고 체념한 것도 같이 누렁이는 어깨가 축 늘어져서 소파 아래에서 나왔는데 그 뒷모습이 사람과 닮아 보였다. 그 모습이 참으로 마음에 걸렸다. 평소에도 누렁이는 행동이 묵직한 편이었는데 더 가라앉아 있었다.

물끄러미 바라보는 누렁이 눈초리가 불편했다. 불편함을 피하려는 내 맘을 다 알아챈, 계속 돌보겠다고 선뜻 나서지 않는다는, 원망하는 눈빛 같았다.

날씨가 개어있었다. 지난밤 내린 비 덕택에 산뜻한 공기가 콧속까지 개운하게 밀려들었다. 두 놈을 안아서 바구니에 넣는데 두 놈 모두 몸을 가늘게 떨고 있었다. 현관문을 나서서 계단을 내려가 차 있는 곳까지 걸어가는 동안 두 녀석은 고개도 제대로 들지 못한 채 움츠린 목 너머로 주위를 연신 살폈다.

바구니가 흔들리지 않도록 최대한 조심스레 걸어가면서 나는 강아지 귀에 대고 알아들을 리 없는 말을 계속 중얼거렸다.

"데리고 있지 못해 미안해. 여기 좀 잘 봐봐. 여기가 너희들이 있던 곳이야. 아마 다시 볼 수 없을 거야."

그저 속수무책으로 끌려가는 짐승. 네 시간이 넘도록 가는 내내 오줌도 한 번 싸지 못하고 발발 떨고만 있는 가련한 짐승들. 그 집 툇마루에 내려놓고 보니 녀석들 몸이 더 작아 보였다. 대문 바로 옆에는 판자로 만들어 놓은 우리 같은 게 있었는데 그 안에서 커다란 개 한 마리가 으르렁거리고 있었다. 금방이라도 뛰쳐나올 것만 같았다. 강아지들은 엉덩이에 꼬리를 바짝 붙이고 오그린 다리로 벌벌 기었다.

주인 할머니가 뜻밖에도 고구마순 김치를 담은 조그만 통을 안겨주었다. 그리고는 엉거주춤 서 있는 내 등을 떠밀었다.

"아유 걱정 마시요. 우리가 잘 챙길 틴디 뭔 걱정이여. 길도 멀 틴디 어여 가셔. 아, 보고 싶거던 언제든지 와서 보면 되지. 참말이요!" 언제든지 보러 오라는 것이었다.

아들과 나는 예방주사 관리 수첩이며 간식이랑 사료며 앞으로의 예방주사 비용에 보태라고 얼마간을 건네고는 돌아섰다. 뒷골이 마구 당겼다. 큰언니 집에는 들를 생각도 못 했다.

한동안 아들과 나는 '강'이라는 말도 입 밖에 내지 않았다. 그 후로 흰둥이와 누렁이의 소식은 듣지 못했다.

아무때나 보러 와도 된다며 반찬까지 건네던 정 담긴 말이 생각났다. 몇 달간 몇 번이나 망설이다 예전에 알려주었던 번호에 전화했다. 그쪽에서 바쁘다 해서 바로 끊었다. 며칠 지나 두 번째 전화를 했다. 이번에는 뭐라 말 건네기도 전에

"지금 일이 있어서 의정부에 와 있다. 그리고 전주 집에는 아무도 없다."에 이어서

"아, 뭐 땜이 그리 볼라고 해싸요. 한번 보냈으믄 되았지 뭐 차꼬 전화를 한다요. 참말로 시엄씨 하나 나부렀네."

쌀쌀맞게 말하더니 일방적으로 끊어버리는 게 아닌가. 대꾸할 새도 없었다. 내가 뭘 잘못했지? 말문이 턱 막혔다. 웅— 하는

소리가 귀를 울렸다. 수화기를 바로 내려놓지도 못하고 수화기만 터져라 붙잡고 있었다. 언뜻 불길한 생각이 스쳤다.

한동안 눈 예쁜 강아지를 볼 때면 흰둥이 누렁이가 떠올라서 한없이 바라보곤 했다. 십 년도 더 지난 이야기다.

말줄임표

초겨울 비에 자동차 불빛이 얼룩덜룩하다. 차선이 잘 보이지 않아 운전하기 힘들다.

친구와 나는 봄이면 봄대로 여름이면 여름대로 가을이면 가을대로 우리들의 청춘이 영원할 줄 알았다. 그 친구는 붉은 기운이 살짝 감도는 눈빛이 어찌나 강렬한지 그 눈길을 마주 받는 사람이 드물었다. 어느 자리에서도 늘 눈에 띄었다.

우리는 하고 싶은 말이 많았다. 말로는 모자라 때론 쪽지를 주고받았다. 쪽지에는 말줄임표를 자주 썼다. 우리 둘만의 암호였다. 고등학교를 졸업하고 십 년쯤 지난 뒤에 친구가 나를 찾아왔다. 딸만 셋을 두었는데 결혼생활이 힘들다 했다.

고향에서는 사이좋은 부부로 소문이 났었다. 시부모의 사랑을 듬뿍 받으며 살아서 모두들 그녀를 부러워했다. 하지만 딸만 내리 낳는 그녀를 시부모는 싸늘하게 대하기 시작했다. 남편까지 아들 낳지 못하는 책임을 그녀에게 돌렸다. 결국 시댁과 멀어지면서 속병이 깊어졌다고 한다. 헤어져 돌아가는 그녀의 뒷모습을 보며 마음이 아팠다.

아이들 키우느라고 15년이라는 세월이 흘렀다. 그녀가 매우 아프다는 소식을 전해 들었다. 몸에 마비가 오고 눈이 잘 보이지 않는다고 했다. 그 말을 듣고 놀라서 꼭 만나보고 싶었지만 무엇 때문인지 차일피일 미룰 수밖에 없었다.

여성기예전에 수필로 참가하게 되었다 그 친구 이야기를 <길>이라는 제목으로 써내서 상까지 받았다. 물어보지도 않고 내 멋대로 그녀의 이야기를 썼기에 미안한 마음이었다. 만나서 이런저런 이야기를 하고 싶었다. 그때는 소식을 알 수 없다가 우연히 만난 동창에게서 그녀가 죽었다는 말을 들었다.

사람 목숨이 하늘에 달려있다고는 하지만, 친구가 떠나버렸다는 사실을 받아들이기가 정말 억울했다. 밤을 새워서라도 달려가 그 옛날처럼 서로 마음의 쪽지를 나누면서 그녀의 한 맺힌 이야기를 들어주고 싶었다. 그러나 그 친구는 이 세상에 없다. 얼마나 아팠을까.

병시중은 큰딸이 다 해냈다고 한다. 오랫동안 절망감에 떨었을 그녀를 생각하면 할수록 연락 한번 없었던 그녀가 모질게까지 느껴졌다. 친구의 눈이 그토록 아름답고도 강하게 빛났던 것은 짧은 일생을 미리 예감해서였을까.

얼마 전에 빙판길에서 차가 미끄러졌다. 당황해서 브레이크를 밟고 핸들을 꺾었지만 속수무책이었다. 몸과 마음이 어딘가로 깊이 빠져들어 가는 듯 그 상황에 대해 무감각해지는 것이었다. 차가 중앙분리대를 들이받는데도 멍하니 바라볼 수밖에 없었다. 또 다른 내가 나를 넋 놓고 내려다보고 있었다. 아, 내가 지금 죽는가

보다,라는 생각뿐이었다. 몸이 돌처럼 굳어버렸다.

자칫 큰일을 당할 수도 있었다. 삶과 죽음의 경계에 있었지만 아무것도 느낄 수 없었다. 하지만 그 기억은 너무도 강렬해서 자다가도 벌떡 일어나곤 했다. 그런데 친구는 어둡기만 한 그 고통의 날들을 어떻게 더듬어 갔을지.

빗줄기가 거세다. 아무리 거친 빗줄기라도 끝내는 멈추듯 곡절 많은 우리 인생도 언젠가는 지나갈 것이다.

거리에는 차들이 질주하고 고여 있던 빗물마다 무심한 듯 불빛을 받으며 반짝인다. 하염없이 오가는 불빛에 눈이 부셔 오는데 나는 친구와의 눈맞춤인 양 그 불빛에 사로잡혀 있다.

버팀목

이수역에 내려 시장 길을 따라가다 보면 고층아파트 단지가 나온다. 거기에 똘이네가 산다. 똘이 엄마는 밝은 얼굴로 나를 맞아주었다. 웬일일까. 똘이가 내 바지 깃을 여전히 축축하게 핥아놓는데도 아무렇지 않다니. 그뿐만이 아니다. 친구가 똘이에게 혀짧은소리로 여전히 '엄마'라고 자신을 칭하는 것 또한 전혀 거슬리지 않다. 녀석이 곁에 없었다면 그 많은 시간을 어떻게 견뎌냈을까 그 속내를 잘 알기에, 품에 안은 녀석에게 수많은 걱정거리를 털어놓았을 친구에게 전보다 얼굴빛이 좋아 보인다고 덕담을 건넸다. 숨넘어가듯 반기는 강아지에게는 착하다, 귀엽다, 칭찬해 주었다.

똘이네가 이사하던 날은 차라리 홀가분하다는 그녀 마음을 아는 듯 하늘이 새털구름 하나 없이 맑았다.

똘이 엄마가 결혼해서 아이를 낳고 그 아이가 대학생이 될 때까지 살아오던 과천 집이었다. 알토란같던 살림살이였다. 남 빚보증 서주었던 게 잘못되어 그 집이 경매로 헐값에 넘어가더니 남편 회사마저 부도가 났다.

하루하루가 바늘방석 같다고 했다. 친구 낯빛은 점점 어두워졌으며 말수가 줄어들었다. 그녀는 가족이건 친척이건 친구건 물건이건 마음이 기우는 대상에게는 아무 조건이나 계산 없이 정을 주는 사람이었다. 외아들에게 쏟는 정성이야 물론 말할 것도 없었다.

아들이 얻어온 강아지를 키우게 되었다. 동물이라면 질색을 하던 사람이 보송보송한 강아지에게 똘똘하대서 똘이라는 이름까지

지어 주더니 품에서 강아지를 한시도 떼어놓지 못했다. 사람들이 늦둥이 봤다고 이야기들을 했다.

똘이는 그지없이 순해 보이는 커다란 눈망울로 올려다보더니 내 발을 핥기 시작했다. 바짓가랑이가 축축해지도록 물고 늘어지다가 예쁘고 검은 눈을 바라보느라 방심하고 있으면 손까지 마구 핥으며 매달렸다. 피하고 싶은 것을 참느라 혼났다. 옷에 털이 달라붙는 것은 둘째 치고 더 곤란했던 건 접시에 담아낸 과일이나 빵 등속에 털이 붙어있을 때다.

그 집 식구들은 자신들을 강아지의 엄마, 아빠, 형이라 불렀다. 그때는 몰랐다. 왜 그렇게까지 똘이 이야기만 하는지, 똘이 녀석에게 혼잣말을 건네면서 하루해를 다 보내는지…. 가슴에는 항상 똘이가 안겨 있었다.

나도 사는 게 팍팍하던 때가 있었다. 그때 나는 늘 집에 틀어박혀서 FM 라디오 음악을 테이프에 녹음했다가 지우기를 반복했다. 식구들이 잠든 밤 어떨 때는 불빛이 흐려지는 새벽까지. 그러다 보면 머리가 개운해지면서 답답함도 가라앉았다.

테이프에 빼곡히 담아놓은 곡들이야 이제 가물가물해졌지만 어쩌다 그 낡은 테이프들을 만지작거릴 때면, 온 밤을 라디오 앞에 구부리고 앉아있던 내 모습, 내 등, 주변의 어둑함, 멀리 교회 첨탑들의 뾰족함, 십자가의 빨간 불빛…. 그때의 분위기 하나하나가 다시 또렷해진다.

친구에게 똘이가 마음의 버팀목이라면 녹음테이프는 나의 거울이었을 것이다. 좀전까지 녀석의 사진을 보여주는 그녀의 눈빛이 소녀처럼 반짝였다.

오랜만에 똘이를 만났다. 역시 그 녀석은 그녀를 친엄마로 생각하는 모양이었다. 그녀가 신발을 신자 어쩔 줄 몰라 하며 폴짝폴짝 뛰어올랐다. 마치 엄마가 저를 떼어놓고 어디 갈까 봐 두려워하는 어린아이처럼 말이다.

찌릿찌릿해지는 가슴을 손가락으로 누르며 내리막길을 뛰듯이 내려오는데 벚꽃 이파리가 고운 빛을 뿌리며 반짝반짝 봄바람에 날리고 있었다. 작은 나비들이 줄을 이어 곡선으로 날고 있는 듯했다. 어떤 여자가 강아지와 쪼그리고 앉아서 그 풍경을 바라보고 있었다.

비탈진 길을 내려오는 동안 국립묘지 쪽에서 불어오는 바람이

찌들었던 내 머릿속을 개운하게 헹궈주고 있었다. 나지막한 산자락에서 불어오는 바람이 내 머리를 만지기도 하고 등을 부드럽게 밀어주기도 한다. 강하게 나긋나긋하게 언젠가 내가 지치도록 녹음했던 그 테이프 속 멜로디가 길 위에도 흐르고 있었다.

제3부

그맘때

뿌리를 비추다

그맘때

기억 유감

가을

나들이

개똥철학자

꿈에 대하여

신흥사에 다시 가고 싶다

종이우산

정월의 추념追念

뱀딸기

뿌리를 비추다

아직 바람이 찬데
밝은 문들 조용히 귀기울인다
온 마을 가득 두더지 떼가 몰려오나
흙의 내장들이 일어나 앉는다
파릇파릇한 얼굴들 밥풀만 한 대가리들
땅의 새끼들도 앞다투어 고개를 내밀겠다

수많은 말씀으로 손때 전 골목길
뿌리들 웅성거리는 소리 가득하다
어두워져만 가는 텅 빈 제비집
그 샛노란 주둥이들은 언제 집을 찾을까
제비 기다리던 노인 하나둘 떠나가도
마라도 25마일까지 밝히는 등대보다
서해 5도와 뱃길 멀리까지 빛 쏘아주는
선미도 등대보다 더 거대한 등대가 땅속에는 있다
황토 벌판이 온통 들썩들썩 맥놀이한다

—졸시, <뿌리를 비추다>

지붕 아래 알람, 그 울림을 지나던 시간과
나이 들어갈수록 깊어지는 기억의 침묵까지
가끔 구름이 주먹 쥐며 모여들고 주먹 펴고 흩어지며
색다른 형상을 모색하느라 이리저리 망설이는 고향 하늘 하오를 지나

구름과 달과 별 아래 희미하게 어우러지는 불빛,

한강 다리를 지나는 전철 안에 너와 나의 숨결이 통로 가득 붐빈다.

앞자리의 나이 지긋한 손이 성호를 긋는다.

문득 내가 나를 내려다본다. 손도 가방도 무릎에 잘 얹혀있다.

대부분이 스마트폰을 쓰다듬고 있다.

전동차 옆으로 전동차보다 빠르게 자동차들이 지나간다.

자동차가 휙휙 스칠 때마다 그 창 안에서 낯익은 얼굴을 보았다는 착각을 한다.

앞자리 노인은 졸고 있는 듯, 기도하는 듯,

남태령을 지나며 잠시 소등이 되고 불빛 따라 사람들의 얼굴 한쪽이

밝아졌다 어두워졌다 모든 장면이 영화의 한 컷 한 컷처럼 내 눈에 찍힌다.

어둑어둑한 좌석에서 이마를 숙인 채 또는 창에 등을 기대고 눈을 감고서

또는 손잡이에 매달린 채 무료하게 흔들리는 사람들….

사람, 그 발음이 사람에게 얼마나 적절한 느낌인지
갑자기 사람이라는 말이 숭고하게까지 느껴져서 기도하듯 자꾸 입을 모은다.
내가 사람이라는 이름을 가진 뿌리로 흔들리고 있다.
선바위 지나 경마장역으로 어둠에서 밝음으로, 환해지면서 다시 생각이 공손해진다.
땅 위에서 땅 아래로 땅 아래에서 땅 위로
산목숨과 죽은 목숨이 철커덕 철커덕 지나가는 철로.

시간은 건망증 환자다.
기억을 되살리려다가 허리만 굽었고 굽은 허리로 빚만 늘었다.
고향의 허리가 좀체 펴지지 않는다.
등불은 오래전에 꺼지고,
나는 새벽이 번지는 중심.
낯선 건물들이 표류한다.
그 옛날 암모니아 냄새가 훅 풍겨온다.
귓불에 아직도 불어주는 아버지 방귀 뀌는 붉은 소리,

눈시울에 불룩불룩 꿈결을 오가는 그때의 감이파리들,
밥풀만 한 연초록 대가리들 지지배배 샛노란 주둥이들….

그맘때

내가 집안의 혁명가였으면 좋았겠다
가문의 등줄기를 후려쳤어야 했다
봉건에 젖은 조부모의 이불에 대한 기대를 버리려
불그스름한 기운이 감도는 족보를 들고 나가 엿을 사 먹는 동안
어린 세월은 단물처럼 목구멍을 지나 너무 빨리 사라져 버렸다
할아버지는 전쟁 때 행방불명된 피붙이를 안주로 뜯으며

자주 술을 드셨다 그런 날이면
손주들을 무릎 꿇려 놓고 학춤을 추셨다
“내 발끝을 봐라! 눈 크게 뜨고 발을 봐!”
어린 관절에 쥐가 오르고 고개를 꾸벅이면서도
눈동자를 더 똥글똥글하게 키워야 했다
고개를 갸웃이 비틀고 허공에 발끝을 찍어 올리며
하얀 소매 날개로 천천히 깃을 치기 시작하면
병풍 속의 소나무도 부드럽게 출렁거렸다
붉은 머리를 쳐들고 할아버지는 소리 없는 학의 울음을 울었다
주홍 불빛에 물든 긴 수염마저 학의 부리처럼 보였다
방 전체를 뒤덮는 소나무 그림자 격랑 속에서
나는 소맷자락에 휘감겨 아득해졌다

어렴풋이 들려오던 혁명이란 말을 듣고 나가봐도
엿장수도 없을뿐더러 지나가는 누구도 엿 하나 주지 않는다
할아버지의 알 듯 모를 듯하던 눈길
그 먼 곳을 나는 학처럼 길게 목을 빼고 바라보곤 했다

—졸시, <날개 없는 학>

하수관으로 소리의 촉수가 뻗쳐온다. 잠 못 이룬 아침이 게슴츠

레하다. 열에 들뜬 귓가에 새 한 마리가 창 너머에서 씁씁대고 있다. 새가 이 쑤시는 소리 속으로 쓰러질 듯 들어서는 아버지 그림자. 토끼 같은 자식들이 홀쭉한 배를 안고 토끼 똥 같은 눈을 굴리는 아침과 저녁, 겨울이었다가 봄이었다.

옛이야기 뜨거워질수록 점점 붉어지는 눈동자, 감염된 기억세포들, 꽃나무 둥치 위에 흐르는 안개 속으로 내 마음이 절룩절룩 멀리 새 우는 소리 따라나선다.

작은고모가 6 · 25 때 행방불명 되었다. 나중에 아버지가 직장을 잃게 된 이유는 작은고모 때문이었다고 한다. 직장을 잃은 채 대가족을 부양해야 하는 아버지를 할아버지는 장남으로서 동생 하나 못 지켰다고 원망하고 또 원망했다.

고모할머니 표현에 의하면 할아버지는 그저 한량이었다. 늘 술에 취해 시조를 읊거나 손주들을 불러다 앉혀놓고 학춤을 추는 게 일이었다. 할아버지의 쩌렁쩌렁한 소리가 안방에서 울리기 시작하면 식구들은 모두 숨을 죽였다.

부모 호강 하나 못 시키는 불효자식이라고 온 동네가 떠나가도록 호령을 해댔지만, 아버지는 말대답 한 번 하는 일이 없었다.

자식을 생으로 잃은 울분을 어디에도 풀 수 없어 몸부림치는 할아버지를 그렇게라도 보듬어드리고 싶었던 게 아닐까.

아버지 마음인들 오죽했을까. 여동생 둘, 남동생 둘에 부모와 자식들까지 그 많은 식구를 돌봐야 했던 아버지의 마음고생을 알아주는 이는 어머니밖에 없었다.

아버지는 어려운 시대의 희생자 중 한 사람이었다. 몹쓸 연좌제 때문에 아무 잘못도 없이 읍장 자리, 세무서 어디 어디 차례차례 다 쫓겨났다. 동서남북 일자리가 모두 막혀버렸다. 겨우 전문 책 판촉 일을 얻어서 지방으로 출장을 다니게 되었는데, 집에 돌아온 밤이면 밤새 문틈으로 스며들어오는 담배 연기 때문에 어린 나조차도 잠이 깨곤 했다.

기나긴 출장에서 돌아온 아버지 손에 커다란 누런 봉지가 들려 있었다. 봉지에서 과자, 땅콩, 오징어, 하늘색 가로줄 무늬 나일론 티셔츠와 주홍 짧은 주름치마를 꺼내더니, 나일론 티셔츠와 주름치마를 초등학교 2학년인 내게 안겨줬다. 이날 아버지가 어찌나 볼을 비벼댔는지 내 볼에서는 담배 냄새가 오래도록 가시지 않았다. 크면서 옷이 작아 배꼽이 보일 때까지 입었던 아버지의 첫 번째이자 마지막 선물이었다.

아버지와 식구들이 둘러앉아 있던 어느 날 저녁, 갑자기 남자들이 들이닥쳐서는 아버지를 끌고 갔다. 눈 깜짝할 새였다. 여러 날이 지난 뒤 어머니는 바구니에 삶은 달걀과 하얀 솜바지 저고리를 챙기더니 어린 내 손을 끌고 나섰다. 나는 아버지가 사준 하늘색 줄무늬 티셔츠와 주름치마를 입고 한 갈래로 높이 묶은 머리를 찰랑대며 따라갔다. 경찰서였다. "아가, 어머니 잠깐 저기 들어갔다 올 테니 여기서 놀고 있거라." 하는 어머니 말에 경찰 아저씨가 주는 과자를 먹으며 앉아 있었다. 아저씨는 내게 옷이랑 아가가 참 예쁘다고 칭찬을 했다. 어머니는 보이지 않았다.

커서야 그날이 아버지 면회 갔던 날임을 알았다. 겨우내 아버지는 집으로 오지 못했다. 작은고모 행방을 불지 않는다고 아버지는 심하게 고문을 당했다고 했다. 봄이 왔다. 아버지는 병자처럼 비틀거리며 돌아왔고 한 달 내내 솜이불 속에서도 사시나무 떨듯 떨었다.

아침마다 아버지는 가죽 혁대를 팽팽하게 일으켜 세우고서 가죽 혁대에 면도날을 갈았다. 면도를 마치면 하얀 한복 바지저고리 차림으로 화단 가득 몸을 수그리고 자잘한 화초들을 들여다보았다.

때때마다 단단해지는 산매 · 달리아 · 해당화 · 국화 · 선인장 · 옥잠화 · 글라디올러스 · 나리 · 채송화 · 봉숭아 · 나팔꽃 · 분꽃 · 코스모스…. 선인장에서는 솜털 같은 가시들이 숨어 있다가 내 작은 손을 찔러댔다.

아버지의 한복 소맷자락이 스쳤던 화초들은 그 손길 탓인지 쑥쑥 자라주었다. 생각 탓이었겠지만, 다른 집 화초들보다 커 보였다. 화초들을 들여다보다가도 육척 장신의 아버지는 담 앞에 서서 긴 목을 숙이고 고샅길 너머 먼 곳을 하염없이 바라보곤 했다.

장신長身의 아버지가 학처럼 긴 목을 숙이고 방으로 들어서면 온몸에 배어있던 담배 냄새가 얼마나 지독한지 코를 훙훙거렸던 기억이 또렷하다.

좁은 읍내 길에 멀리서도 눈에 띄던 중절모 영국 신사. 온 동네 사람들이 어려운 일만 있으면 아버지에게 조언을 구하러 왔던 일, 앞집에 무슨 잔치가 벌어졌을 때 술 먹고 우리 집 마당까지 들어와서 행패 부리던 남자가 아버지의 나직한 한마디에 머리를 조아리며 사과하고 물러갔던 일. 할아버지의 끝도 없던 시조 읊는 소리. 어린 시절은 언제 들여다봐도 짓무를 대로 짓무른 염증, 결코 아물 수 없는 아픔이다.

요즘 김정은과 트럼프, 북한 관련 뉴스가 자주 나온다. 작년 4월 9일에는 판문점에서 문재인 대통령과 김정은 국무위원장이 악수를 했다.

북한 관련 뉴스를 볼 때마다 어린 시절 불안했던 집안 분위기가 떠오르곤 한다. 우리는 이산가족 상봉 때마다 명단에 넣어달라고 신청을 했으나 거절되었다고 들었다.

내가 어린 날에 몇 권을 엿과 바꿔먹어서일까. 할아버지와 아버지에 속한 우리 존재는 김가 족보 안에서 흐지부지 사라지는 듯 보였다. 동네 고샅 골골을 향해 웅웅거리던 시조 소리가 지금도 기억에 쟁쟁하다.

할아버지는 자식 잃은 슬픔, 희망이 통째 자물쇠 채워진 큰아들, 이런저런 모든 허무함을 학춤이 이끌어주는 무아경에 빠져 잊으려 했을지도 모른다. 할아버지와 아버지는 아마도 날개 잃은 학이었을 게다.

기억 유감

오랜만에 동인모임에 갔다. 분위기가 무르익어 갈 무렵 휴대전화에서 빨간불이 자꾸 깜박거린다. "엄마, 어디예요? 열쇠가 없어."라는 메시지가 와 있다.

딸애가 며칠 전에 가방을 바꾸더니 열쇠를 미처 챙기지 못한 모양이다. 모처럼 마신 한 잔에 어지러워져 내가 오늘 외출한다고 식구들에게 말을 했었는지 안 했었는지조차 가물가물하다.

사람들은 이제 2차를 갈 것이라고들 한다. 누군가가 나를 찾는 소리를 뒤로하고 얼른 빠져나왔다. 기다리고 있을 딸애 때문에 마음이 급해졌다. 모처럼의 나들이였는데 말이다.

창에 비치는 자신을 눈도 깜박이지 않고 바라보는 사람과 그 옆에서 졸고 있는 사람들은 오늘 하루 잘 지냈는지, 혹시 저들도 나와 비슷한 일을 겪지는 않았는지 궁금하다. 오늘따라 전철이 무척 느리다고 생각하며 나도 내 모습을 멀거니 바라보다가 그 와중에서도 느닷없는 공상에 빠져든다.

서울과 과천이 마냥 멀게만 느껴지는 이 밤. 전철은 계속 달리는데 흔들리던 몸은 점점 꽃잎처럼 가벼워진다. 나중에는 집에 가던 중이었다는 것마저 잊고 2호선 순환 전철에 몸을 맡긴 채 천천히 서울 테두리를 돌고 또 돈다. 캄캄한 유리창 저편 허공중의 나와 이편의 내가 무심하게 마주보는 사이 어딘가에 전철은 도착하고. 환상 속의 열차 안에서 잠시 미아가 되어버렸다.

갑자기 전철이 서고 사람들이 밀려드는 바람에 정신을 차려 역 이름을 확인한다.

그러다 보니 딸애가 세 살이었을 때가 생각난다. 무주에 살고 있던 큰언니 집에 놀러 갔다가 아들이 폐렴에 걸리는 바람에 아들만 데리고 먼저 올라왔다. 열흘이 지난 후에야 남편이 가서 딸을 데리고 왔는데 딸은 한달음에 안기러 오지를 않고 주뼛거리며 남편 뒤로 숨는다. 듣기로는 엄마를 기다리며 날마다 제 잠자리 옆에 엄마 자리를 만들어 놨다 했다.

내 옆에 오기를 서먹해 하던 딸의 어렸을 적 모습을 떠올리다 보니 지금 어미를 기다리는 딸애의 심정이 궁금하다. 집 앞에서 오래 기다리거나 한두 끼쯤 굶는 게 법석 떨 일은 아니지만, 운동 갔다 왔을 딸은 젖은 몸으로 열쇠도 없이 떨고 있을 텐데 감기에라도 걸리면 어떡하나, 남은 정거장을 손꼽아 보았다.

오래전부터 알고 지내는 사람의 전화를 받았다. 이 사람은 몇 달 만에 한 번씩 전화를 한다. 자기 친구 중에 내 이름과 같은 이름이 있어서 두 사람의 번호를 혼동하여 잘못 건 것 같다고 한다. 그리고는 마치 녹음된 말처럼 우리 어머니의 건강을 되묻곤 한다. 돌아가신 지 몇 년 되었다고 진즉에 말해줬지만 몇 달 만에 하는 전화마다 언제나 똑같이 물으니 나는 같은 대답을 해줄 수밖에 없다.

달라지는 것이라면 돌아가신 지 얼마라는 숫자이다. 그때마다 내가 다른 세상에 와 있는 게 아닌가 하는 착각이 든다. 이번에는 참지 못하고 "그만 내 번호를 삭제하면 어떻겠느냐."고 하니 "목소리만으로도 반가운데 그러면 안 될 일"이라고 한다. 내 전화번호를 기억해내는 자기 머리가 똑똑한 것이라면서 어머니가 돌아가셨을 때 왜 연락해주지 않았느냐고 섭섭하다며 오히려 따진다. 따지는 것도 여러 번이니 이 정도가 되면 참 뭐라 할 말이 없다.

사소한 물음이라도 여러 번 듣게 되면 건성인 듯해서 섭섭한데 하물며 돌아가신 분의 안부를 자꾸 물어오니 도리어 그녀의 정신건강이 걱정된다.

내 어머니가 그녀의 머릿속에서 반복해서 살아나고 또 살아나 계시다면 건망증이란 게 때로는 이승과 저승의 경계를 단순하게 만들 수도 있겠구나 싶다. 그리운 어머니를 꿈에서라도 종종 뵈었으면 하던 내게 그 무심함이 위로되었다고 해야 할지, 그래서 고맙다고 해야 하는지….

이 복잡한 현대문명 속에서 제정신으로 사는 게 얼마나 힘든 건지. 열쇠 때문에 안팎으로 고생한 우리 모녀나 돌아가신 분을 안녕하시냐며 묻고 또 묻는 그 사람을 생각하다보니….

건망증은 예상치 못한 곳을 심신이 여행하는 것이기도 하니 그 여행이 휴식이 되기도 하고 악몽이 되기도 한다.

가을

가을하늘이 너무 푸르러서 카메라 렌즈를 통해 바라보고 있는데 하얀 벌레 같은 것이 보인다. 자세히 보니 포말을 그리며 날아가는 비행기다.

하늘 천장이 시퍼렇게 내게로 쏟아져 내리고 있다. 온통 눈부시다. 푸름에 흠뻑 젖어 들면서도 그 무게를 전혀 느끼지 못하겠다. 하늘과 땅의 경계가 모호하다.

하늘 깊은 줄 모르는 낙엽은 낙하산 없이도 치열하게 타오르던 열락의 순간을 흔들어대며 파란 창공으로 자신을 던질 줄 안다. 나도 나를 던지고 싶다. 어느 계절에도 물들지 않는 내가 가을이면 온몸에 불 지르며 뛰어내리는 낙엽처럼 오늘은 물들고 싶다. 새로운 피를 갈아끼우기 위해 수혈을 준비하는 마음의 지난겨울이, 흰자위 속 충혈된 오점이, 실핏줄을 터뜨리며 눈 껌벅이고 있다. 저 첫 하늘 같은 창을 통해 세상을 보고 싶다.

젊은이들이 편의점 앞 파라솔에 둘러앉아 담배를 피우고 있다. 어릴 때 담배는 아버지만 피우는 줄 알았다. 담배를 몰래 피우던 오빠 생각이 나면서 아버지표 담배가 떠오른다.

봉초에서 담뱃가루를 집어내어 종이에 돌돌 말아 침으로 풀칠해서 만드는 아버지표 담배. 긴 손가락으로 재빠르게 만드는 그 모습이 여섯 살 내 호기심을 자극하곤 했다. 담배를 물고 한쪽 눈이 다 감기도록 찡그리며 빨아들일 때의 아버지 표정을 옆에 쪼그리고 앉아서 자세히 바라보았다. 그 종이 담배 타는 냄새가 참 좋았다. 말씀 없는 아버지가 눈을 가늘게 뜨고 푸르스름한 연기를 좇아

말없이 먼 산을 보면 어린 나도 멀리 그 눈길을 따라가다 졸곤 했다. 구수하고 따스한 기운이 아버지의 저고리 자락에서부터 품 안에 안겨있는 나를 담뿍 감싸왔다. 아늑한 차양 같던 그 손길이 이불 같았다.

오늘 나도 모나미 볼펜을 입에 물고 한쪽 눈을 가늘게 뜨고서 푸른 하늘을 바라보며 아버지 생각에 잠긴다.

고속도로가 자동차와 대형 화물차로 붐빈다. 벌초한 지 얼마 안 된 어머니, 아버지 무덤 위에 벌써 잡풀들 몇몇이 목을 길게 빼고 있다. 형제들이 차례로 진설을 한다. 진설이 이어질수록 엎드려 절하는 시간도 길어진다.

깊어진 주름들 어두워진 피부 엉거주춤한 허리 버짐 먹은 머리카락들. 다들 말이 없다. 음복주나 한 잔씩 나누고 별 이야기 없이 일찍 헤어졌다.

다시 고속도로를 탄다. 밤의 자동차 전용도로는 적막하다. 자동차 외에 살아있는 것들이라고는 전혀 보이지 않는다. 차에 갇혀 있으므로 도로는 적막하고 각자 차 안에서 나처럼 상념에 빠져

묵묵히 달리고 있을 것이다.

가도 가도 적막한 이 어둠이라는 이름의 터널이 영원히 끝나지 않을 것 같다. 고독이 손을 뻗어 내 볼을 쓰다듬는다. 어둠의 무게에 짓눌려 버둥거리다가 벗어나려 생각에 불을 지핀다. 불꽃놀이를 펼친다. 불꽃 속에서 내가 살아온 길들이 명징하게 보인다. 마치 한 화면으로 다채널을 보듯 떠오르는 모습들이 옛날 영화를 보는 것 같다.

가로등이 일렬로 서서 나를 어디론가 데려가려 한다. 세상의 불빛으로 보이지 않는다. 이 세상에는 없는 장승 같기도 하고 눈에 불을 켠 도깨비 같기도 하다. 그러나 그것도 잠깐, 꿈이었던 것처럼 백미러로 보는 뒤쪽 세상은 이미 빛 하나 없는 어둠이다. 출구가 보이지 않는 다른 차원에 홀로 버려진 느낌이다. 커브를 돌 때마다 다른 세상 다른 시간의 문을 통과하는 것 같다. 갑자기 여기가 지구라는 것을 확인이라도 시키려는 듯 쌩하니 옆으로 지나가는 자동차 한 대. 차 똥구멍만 봐도 그저 반갑다.

고독의 터널, 불면의 터널, 어둠의 터널, 온갖 망상들을 뒤로하고 졸음으로 빠져들어 간다. 급커브 절대 감속. 졸리면 제발 쉬었다 가세요. 졸음쉼터 200m 앞. 졸음운전 영원히 깨지 않을 수도 있습니다. 졸다 추돌하면 80% 사망.

다시 적막의 터널로 들어간다.

아버지, 그 푸르던 가을을 기억하시나요. 모든 사물이 검은색이고 세상은 온통 어둡습니다. 출구가 보이지 않는 세상입니다. 가끔 길옆으로 경고 표지판이 번쩍이다 사라지는 모습을 바라보며 그래도 살아야겠다 생각합니다.

나들이

동네 횡단보도가 붉은 바탕에 하얀 선으로 깔끔히 단장되어 있다. 지금은 도로까지 널찍해졌지만, 날이면 날마다 앞 동네의 재건축공사장에서 날아드는 먼지와 귀를 울리는 기계 소리는 정말이지 견디기 어려웠다.

초록이 깊어서일까, 빨간불 앞에 멈춰있는 차들이 낮게 웅얼대는 소리뿐 주변이 고요 속에 빠져있다. 햇볕은 따가운데 누가 바다색으로 꼼꼼히 칠해 놓았나, 하늘에 티끌 하나 없다.

날 좋다 날 좋다 하다가 길을 나선다는 게 기껏 마트였다. 점심 때가 좀 지나 있었다. 식당으로 갔다. 옆에 등이 구부정한 노인과 중년 여자가 앉아 있다. 노인 앞에는 김밥이 담긴 스티로폼 접시와 냉수 한 컵이 놓여 있다. 중년 여자가 말소리를 높여서 나도 모르게 그쪽을 보게 되었는데 말투를 들어보니 그 노인의 딸인가 보았다.

"엄마는 너무너무 밥을 복 없게 먹어!"

"이게 얼마짜린데 그걸 팍팍 못 먹어?"

단무지를 씹으면서 삿대질까지 한다. 그러다가 전화 통화를 시작했다. 결혼 패물값이 얼마라고? 2~억? 뭐어? 2억에서 조금도 빼내지 못했어? 대출받았는데 좀 빼내 봐야지. 응? 2백을 빼봤어? 노인은 아예 등을 동그랗게 굽히고는 젓가락으로 김밥을 들었다 놨다 고개만 숙이고 있다. 그 모습이 무척 딱해 보였다. 들렸다 놓였다 하는 김밥을 보다가 내 입이 말라오고 껄끄러워서 그만 일어서고 말았다.

퉁명스러운 말투를 가졌어도 마음은 비단결 같은 사람도 있다.

자기 어머니를 나무라듯 하고 핸드폰에 대고 떠들어대는 그 여자를 내가 알면 얼마나 알겠는가. 남 이야기는 쉽다더니 나 또한 쓸데없이 모르는 사람에 대해 이러쿵저러쿵하고 있다.

대형 유리창 너머 하늘이 금방이라도 전깃불 퇼 것처럼 시퍼렇다.

십여 년 전, 시월 초였던가. 예술의전당에 언니와 나, 어머니 셋이서 큰오빠 그림 전시회에 간 일이 있다. 그날도 볕이 어찌나 쨍쨍한지 눈뜨는 게 힘들 지경이었다. 전시장으로 들어가기 전에 어머니께 카메라를 들이댔더니 아이처럼 함빡 웃는다. 햇빛에 하얀 머리가 더욱 흰빛으로 반짝거리고 가늘게 떴던 눈은 웃느라 아예 감기다시피 했다. 갑작스러운 바람이 치맛자락을 흔들자 어머니 몸이 짧은 순간 휘청했다. 우리는 해가 뜨거우니 얼른 안으로 들어가자 재촉만 할 줄 알았지 살갑게 손을 잡아주거나 어머니 느린 걸음에 맞춰 걷지도 않았다. 어머니만큼은 늙지 않은 채 오래오래 살아계시리라는 착각에 빠져있었다.

점심을 먹으러 근처 한식집에 갔다. 밥이 나오자마자 어머니는 급히 숟가락을 들더니 허겁지겁 서둘렀다. 천천히 드시라 해도 못 알아듣는 것 같았다. 그게 시작이었다는 걸 나중에야 알았다. 그 후부터 어머니에게 이상행동이 자주 일어났다. 반찬에는 손도 안 대고 밥만 드신다든지 동네에서 소문날 정도로 깔끔하던 분이 잘 씻지도 않았다. 늘 곁에 두고 읽던 성경책에는 눈길도 주지 않았다.

과천 우리 집에 어머니가 와 계신 적이 있다. 아는 여자를 길에서 만났다. 그녀는 나를 한쪽으로 잡아끌더니 비밀 얘기하듯 내 귀에 속삭였다. "당신 어머니가 길 가는 사람들한테 《파수대》를 쥐여주더라."는 것이다. 받지 않으려 하는데도 막 쥐여주었어! 마치 못할 얘기하듯 그랬다. 무어라 대답이 안 나왔다. 왕국회관에 다니시는 줄은 알았지만 길에서 사람들에게 인쇄물까지 나눠주는 건 몰랐다.

며칠 후 여자 서넛이 모인 자리였다. 유명한 교회에 다니던 사람 하나가 어머니처럼 복음을 전하러 다니는 사람들 이야기를 꺼내더니 입에 담지 못할 욕을 했다. 자신들 종파의 복음 해석과는 완전히 다르며 아예 이단이라는 것이다. 문도 절대 열어주면 안 된다면서. 왜 그렇게 심하게 말하느냐 했더니 더 심하게 해야 한단다. 도대체 자신들에게 어떤 해악을 끼쳤다고 그리도 펄펄 뛰는 건가.

무척 속상했다. 내 어머니가 남에게 손가락질 받는 것을 참아낼 사람이 얼마나 있겠는가 말이다.

이제라도 편히 손주들 효도나 받으며 즐겁게 지내시면 좋으련만, 젊은 날 그리도 고생했으면서 다리도 불편한 분이 왜 그러고 다니시나, 안 들어도 좋을 험한 소리까지 들어가며…. 어느 누구에게 싫은 소리 한번 한 적 없던, 법 없어도 살 양반인데, 이토록 무례한, 낯모를 젊은 여자들 입방아에 도매금으로 오르내리다니, 정말 화가 났다. 자기들이 욕하고 있는 대상 중에 내 어머니가 끼여있는 줄은 전혀 모르는 눈치였다.

어머니가 철석같이 진리라 믿는 교리를 탓할 생각은 없었다. 어머니는 신앙을 목숨처럼 소중하게 여기는 분이니까.

남 말에 신경 쓸 건 없다지만, 유리같이 부서지기 쉬운 나는 견디기 힘들었다. 아이들과 어머니가 약속하곤 했던 "할머니, 오래오래 우리랑 살아야 돼." 손가락까지 걸며 하던 그 약속을 그만 내가 깨버렸다. 얼마 지나지 않아 어머니와 똑같은 교리를 공부하는 막내 여동생에게 어머니를 모셔다 드리고야 말았다.

내가 밖에 볼일 보러 다녀올 때면 오십이 낼 모레인 딸을 기다리며 감나무 아래 자그마하니 서 계시던 모습. 짜증내는 손주나 딸 앞에서도 당신 다리 아파 끙끙 대며 잠 못 이뤘어도 눈만 마주치면 환하게 밝은 미소로 다독여주던 어머니. 이제는 시종일관 무표정하니 말하는 것도 잊어버린 내 어머니. 예술의 전당에 갔던 날이 어머니와 우리가 같이한 마지막 나들이였다.

어머니가 살아계셨다면 마트에서 봤던 그 노인과 어머니가 비슷한 연세겠다. 생각할수록 그 여자가 못됐다 싶다가도 나는 그 여자보다 얼마나 더 나은가 하는 생각에 한동안 괴로웠다.

1980년대 후반 과천으로 이사 오면서 부모님께 큰소리를 쳤다. 차츰 큰 집으로 넓혀가겠노라고, 손주들 재롱으로 오래오래 심심치 않게 해드리겠다고.

예전엔 여름밤 창문을 열면 방안에 누워서도 반짝이는 별들을 볼 수 있었다. 지금은 불쑥 솟은 장난감 같은 창문들이 높고도 무겁게 늘어서 있고 경계등 불빛이 별빛을 대신해 준다. 셋째 딸의 호언장담에 흐뭇해하던 두 분도 저 불빛들을 바라보고 계실까.

붉은 보도블록 위에서 발이 살짝 엇갈린다.

개똥철학자

중고등학교 적 나는 말수가 적었다. 하지만 오빠나 언니 친구들이 집에 놀러 오면 말참견을 잘했다. 오빠 언니들도 나를 예쁘게 봐서인지 내 말을 잘 받아주었다.

초등학교 4학년 때였다. 친구 여럿이서 땅따먹기 하며 노는 중이었다. 사나운 눈빛 때문에 되도록 피해가던 동네 청년이 우리가 노는 모습을 지켜보고 있었다. 신경이 좀 쓰였지만 우리 놀이가 재밌게 보여서 그러겠지 했다. 그런데 갑자기 우리 놀이를 중지시켰다. 그러더니 얼굴까지 붉히면서 참견을 한다. 못마땅해서 대꾸를 하자, 나를 노려보며 '저것이 쪼끄만 게 가만 보니 아주 못됐다고 꼬박꼬박 말대꾸한다.'고 한다. 심하게 얽은 얼굴이 핏대를 올리며 붉어지자 아주 험악해졌다. 다른 애들은 무서운지 우물쭈물하며 청년의 눈치만 본다. 나도 덜컥 겁이 났다. 그냥 뒤돌아 오는데 뒤에 대고 계속 뭐라고 호통을 친다. 그 후로는 멀리서라도 그 청년이 보이면 미리 피하곤 했다.

사춘기가 시작되면서 내 말수가 줄어들었다. 몇 년 지났을 때다. 나보다 세 살 정도 많은, 피부가 하얗고 얼굴이 갸름한 뒷동네 여자아이가 그 곰보 청년에게 시집간다는 이야기를 들었다. 아직 어린 여자아이인데 말이다. 더 놀라운 것은 둘이 진즉부터 만나고 있었다는 사실이다. 동네 집안들 형편이 고만고만해서 어려운 사정이야 다들 비슷했지만 입 하나 덜자고 그 애를 시집보낸다는 것이다. 전해들은 말이라서 진실 여부는 모른다. 어쨌거나 그런 속사정을 알 리 없는 내가 핀따먹기며 땅따먹기며 그 여자애 것을 다 쓸어가곤 했으니, 사랑에 눈먼 청년이 내게 화낼 수밖에 없던 이유겠다.

할머니들이 모이면 누구 집 색시는 어떻고 또 누구네는 어떻더라 하며 농담하듯 '각시가 이쁘면 곰보도 다 보조개로 보인다네.' 하던 말이 떠오른다.

친구 따라 강남 간다고 친구 따라 교회에 갔다. 교인 중에 사십이 내일모레인 처녀가 있었다. 혼자 사는 셋집에 우리를 자주 데리고 갔다. 그녀는 자신이 수놓아 만든 손수건을 우리에게 나눠주기도 하고 이야기보따리를 줄줄 풀어내기도 했다. 그녀가 해주는 이야기에 홀려있다 보면 얼굴 가득 얽은 자국마저 매력적으로 보였다. 할머니들이 하던 말들이 참으로 맞구나 싶었다. 이모뻘 되는 그녀를 우리는 참 좋아했다.

그녀가 사십 중반의 상처한 경찰과 결혼하게 되었다. 신랑 집에서 혼례식을 치를 거라고 했다. 김제 시내에서 십 리도 더 들어가야 하는 작은 동네였다. 버스를 대절해서 갔는데 동네 입구부터는 걸어 들어가야 했다. 길이 경운기나 다닐 정도로 좁아서다. 줄지어 가는 우리 일행을 동네 사람들이 바라보고 있었다. 수십 명이 한꺼번에 줄 서 가는 모습이 드문 광경이긴 했겠다.

동네가 온통 축제 판이었다. 마당도 담도 없는 집이었다. 방

둘에 부엌과 헛간이 전부인 집 둘레를 축하객들이 빙 둘러 섰다. 한복을 곱게 차려입고 머리에 화관을 쓴 신부와 양복 정장을 한 신랑이 사람들 사이로 얼핏얼핏 보였다. 방 천장에 신랑신부 머리가 닿을 동 말 동, 상체를 약간 숙이고 있었다. 두 사람 얼굴에서는 미소가 떠나지 않았다. 긴장한 것 같지도 않았다.

신부와 신랑이 맞절을 했다. 모두들 박수를 치며 큰 소리로 축하 말들을 했다. 요즘으로 치면 신랑은 농구선수, 신부는 배구선수 정도로 큰 키였다. 누군가가 "신부가 웃으면 딸 낳는디 엄청 큰 아그 낳겄네." 하자 여기저기서 "참말로 그러겄어." 하며 웃었다.

곰보 청년에 대한 불쾌한 기억을 떠올리다 보면 똑같이 얽은 얼굴이지만 우리를 이모처럼 챙겨주던 교회 언니는 늘 정겨운 얼굴로 남는다.

친구들은 말수가 적은 나를 진중한 사람으로 오해를 하고 있었다. 남학생들 사이에서 내가 '개똥철학자'로 불린다는 사실을 친구가 알려주었다.

개똥철학자의 속을 알려면 속 깊은 이야기를 나눠 봐야 한다고 했다는데 오죽 답답해 보였으면 그랬을까 하는 생각에 웃음만 나온다. 하기야 그 말이 어느 면에서는 맞을지도 모른다. 평소엔 말을 별로 안 하다가도 좋아하는 친구와는 밤을 새우다시피하며 딴엔 심각하게 인생사를 논하곤 했으니 말이다.

친구끼리 이야기를 나눌 때 고집스럽게 침묵하고 있는 사람이 있다. 쓸데없는 말로 상대방을 피곤하게 하는 것보다야 나을지는 모르겠지만, 의견이 없으면 그 속내 또한 알 수 없다.

부부 사이야 눈빛만 봐도 상대가 뭘 원하는지를 알 수 있다. 말없이도 서로의 진심이 닿아서 이해하게 된다. 싸우거나 오해하거나 서운해 할 일도 없을 테니, 말이란 때로 불필요한 것일 수도 있겠다. 나이가 들어갈수록 나도 모르게 쓸데없는 말을 하게 된다.

글에는 철학이 있어야 한다는데 나는 철학에 대해 잘 모른다. 비록 앞에 '개똥'을 붙인 희극적인 별명으로 불렸지만 나는 일찍이 철학자로 불린 사람이란 긍지가 있다. 당연히 철학자에 걸맞은 정신을 가져야 하지 않을까. 엉뚱한 별명을 창작해낸 그 남학생이 누구였는지 새삼 궁금하다.

개똥도 약에 쓰려면 없다, 개똥참외, 개똥밭, 개똥번역 등 개똥에 대한 숱한 부정적인 말들이 많지만, 개똥지빠귀는 다른 새의 울음소리를 잘 흉내내고, 개똥벌레는 반딧불이라고도 하며 노래로도 불리고 있을 만큼 친숙하다.

개똥철학자가 개똥벌레만큼 의미가 있을지는 모르겠다. 그러나 철학적인 사고를 갖게 될 수만 있다면야, 개똥철학자란 별명이 고맙게 생각된다.

꿈에 대하여

햇살마저 추워 보이는 2월이다. 올림픽 체조경기장이 엄동설한이다. 나는 바람이 덜한 구석으로 가서 어색하기만 한 사각모를 자꾸 고쳐 쓴다. 오전이 더디게 풀려가는 중이다.

광장에 방송통신대학 본교 사진이 세워져 있다. 졸업 기념사진을 찍을 수 있도록 설치해 놓은 배경 사진을 가만히 바라본다. 대형 아크릴판을 밝혀주는 햇빛이 흐리다.

'대학교 교정' 하면 저절로 푸릇하다는 느낌부터 떠올랐다. 오래전 나는 그 푸릇푸릇한 교정을 꿈꾸곤 했다. 따스한 봄볕 아래 잔디 위에서 친구들과 정담을 나누거나 책을 들여다보는 모습을 그런데 지금 저기에 서 있는 학교, 희미하고도 표정 없는 평면체이다.

새삼스레 대학이 무슨 말이냐, 간판 따려는 목적일 거라는 빈정대는 말도 들었지만, 많은 분이 격려해 주었다. 누워서 떡 먹듯 간판을 그리 쉽게 딸 수 있다면 오죽 좋겠는가.

지루하게 반복될 것만 같던 4년이 어느새 지나갔다. 어릴 때부터 품고 있던, 교정에서 하루를 보내며 책을 끼고 강의실을 찾는, 상상은 그냥 상상으로 그쳤다. 살아보지 않고서는 그 삶이 어떨지 알 수 없듯 길도 여러 길이니까. 대형사진 앞에서 나는 상상과는 또 다른 아련함에 자식들이 안겨준 꽃다발에 볼을 부빈다.

체육관 밖은 사방이 트인 광장이다. 군데군데 치워놓은 눈까지 얼어붙어 있어서인지 검은 가운을 입고 웅성대는 사람들이 펭귄처럼 보인다. 관계자들은 학과 수대로 세워진 천막에서 가운과 학사증을 내 주느라 잔뜩 웅숭그린 채 서성대고 있다.

정작 졸업식 행사가 진행될 체육관은 아직 문이 잠겨 있다. 사람들은 가운을 펄럭이면서 밝은 모습으로 서로 사진을 찍어주고 같이 자세를 잡기도 한다. 바로 앞에서 교육학과인지, 한 무리가 단체 사진을 찍고 있는데 그중 유독 어리게 보이는 청년이 눈에 들어온다. 귓불과 콧등이며 짧은 가운 아래 나와 있는 손목 위까지 붉게 얼어 있다. 어머니나 이모, 큰누나쯤으로 보이는 여자들 틈에서 어색하게 서 있다.

커서 무엇이 될래? 하고 누가 물으면 대답은 '선생님'이었다. 나는 교대에 가고 싶었다. 친한 친구가 교대에 시험 치러 갈 때는 따라가기도 했었다. 기억에는 '교정의 높고 낮은 길이며 건물들, 유난히 짙푸르게 보이던 향나무와 소나무 옥향나무들, 그 사이사이 펼쳐져 있던 보드라운 잔디밭….'이 각인되어 있다. 다른 모습이었을지도 모르지만, 내 기억에는 그랬다. 결혼 후에도 대학에 가야지, 가야지, 하며 살았다. 그러나 마음만 그랬을 뿐 몇 십 년이 흘렀다.

교대를 떠올리다 보니 딸아이 초등학생 때 가을 운동회가 생각난다. 아이들 운동 순서가 끝나고 나면 하이라이트 격인 계주가 시작된다. 달리기 선수들을 뽑아서 이어달리기를 하는 건데 박진감과 속도감 때문인지 꽤 인기 있었다. 계주가 시작되면 구경꾼들은 모두 선 밖으로 둥그렇게 둘러서서 큰 소리로 응원을 한다.

그날도 그랬다. 아이들 계주가 끝나고 선생님들 차례였다. 그런데 선생님들이 뒤로 슬금슬금 물러서기 시작했다. 무슨 일인가 하고 다들 두리번거리는데 교감 선생이 교생들을 소개하기 시작했다. 호명될 때마다 한 사람씩 앞으로 나와서 인사를 했다. 그들이 계주를 한다는 것이다. 대여섯 명이었는지 더 많았는지는 가물가물하다. 감색 체육복 차림을 한 교생들은 하나같이 인물이 좋았고 체격도 컸다. 달리기는 또 어찌 그리도 잘하는지, 땅을 박차고 내딛는 소리가 말발굽 소리보다 빠르고 힘차게 느껴졌다. 부럽고 아름다웠다.

큰아이가 유치원에 들어가기 전까지 숭실대학교 후문 쪽에서 살았다. 틈만 나면 아이 둘을 데리고 대학교 운동장으로 나들이 가서 공깃돌놀이도 하고 땅따먹기랑 깨금발 뛰기도 하며 한나절을 보냈다. 운동장에는 흰 모래가 깔려 있었다. 농구대 앞에서 유월의 초록 잎처럼 싱싱하게 움직이는 청년들을 구경하기도 했는데 운동장 흰 모래에 햇살이 반사되면서 눈이 부셨다. 쪼그리고 앉아 땅바닥에 얼굴을 숙이고 있는 어린것들도 햇빛에 반짝였다. 열심히 들여다보던 녀석들은 내게 조그만 손바닥을 펴서 조개껍데기를 보여주었다. 석류 씨보다 작은 손톱이 하얘지도록 집에까지 꼭 쥐고 왔던 조개껍데기, 세숫대야 물에 콩알만큼 작은 그것들을 담가놓고 발간 볼로 숨죽여 들여다보던 어린 눈빛들이 생생하다.

버드나무였나, 길게 아래로 늘어진 가느다란 나무줄기에 봉숭아 꽃잎 같은 손바닥을 펼치면서 닿아보려고 폴짝대기도 했다. 큰 녀석이 폴짝대면 작은 놈도 뒤뚱대며 흉내 냈고 나는 그놈들 손이 나뭇가지를 스치도록 번갈아 안아 올려주기도 했다. 녀석들의 높은 웃음소리에 덩달아 환해지던 하루였다. 그러다가도 나는 오가는 학생들을 우두커니 바라봤다. 뭔가를 물어보느라고 아이가 손을 잡아당기면 그때야 정신이 돌아오곤 했는데, 그러고도 자꾸 강의실이 있는 쪽으로 고개가 돌아가곤 했다.

시간이 지나면 지날수록 추억은 새로워지나 보다.

졸업장을 들춰볼 때마다 졸업장에는 담기지 않은 것들, 그것은 앙증맞은 손바닥에 올려있던 조개껍데기, 교생들이 내달던 달리기, 대학교 정경. 오랜 후에도 그런 감성의 조각들은 여전히 튀어나올 것이다. 이런저런 생각에 추위도 잊고 있는데 사각모 아래로 아들 녀석이 불쑥 얼굴을 들이민다. 엄니, 축하혀요!

저만치 마지막 교정 위로 오후가 기울어 간다.

신흥사에 다시 가고 싶다

동선동의 새벽길은 언제나 춥고 낯설었다. 나는 새벽길을 두리번거리면서 사각으로 이루어진 주택단지 사이를 빠져나가곤 했다. 그 길은 좌로 우로 꺾이다가 산으로 통하는 오솔길과 이어져 있다. 내게는 마치 미로와 같아서 항상 첫길처럼 여겨졌다.

남편이 잠시 학원 강사를 할 때였다. 신혼 단칸방에서 아침 과외수업을 했다. 과외 시간 동안만 자리를 피해 있으려다 보니 마땅히 가 있을 데가 없었다. 새벽에 집밖에서 시간을 보내는 일이 생각보다 쉽지 않았다.

이삼일에 한 번씩 신흥사에 갔다. 책 한 권을 들고서 그 동네를 한참씩 돌곤 했는데 그러다 보면 보송보송하던 얼굴이 어느새 발개지는 걸 느꼈다. 같은 길인데도 왜 매번 헤매었을까.

이것저것 생각이 많았다. 숲속에는 바위들이 누군가 깨끗이 닦아놓은 것처럼 반들거렸다. 숲 냄새가 고요히 흐르고 새들이 지저귀는 소리만 들릴 뿐, 사람이 잘 다니지 않아서인지 어둑한 빛깔에도 더욱 맑게 느껴졌으며 박하 향처럼 싸한 그 기운에 으스스하기까지 했다. 그 바위에서 쉬어 갈 때면 희미한 새벽빛에라도 애써 책을 읽으려고 했다.

가진 것이라고는 동선동의 사글셋방이 전부였던 1980년 내 젊은 날, 그때 우리는 내일을 위한 희망으로 하루가 짧을 정도로 분주했다. 나는 과외수업이나 학원에서 쓸 수학 문제를 철필로 필경을 해서 등사하도록 돕고는 했다.

동네 여인이 지름길이라고 알려준 길을 따라서 자주 찾아가곤 했던 신흥사. 마당이 제법 너른 절이었는데 갈 때마다 중년 부부들이 와 있었다. 새벽 운동 중이었던 모양이다. 내가 아직 어려 보였는지 새벽길에 혼자 와 있는 내가 안쓰러워서였는지 중년 부부들이 바라보곤 했다. 절 마당을 거닐다 보면 어느새 날이 밝아서 절을 둘러싸고 있는 큰 나무들 사이로 아침햇살이 부드러웠다. 솔 향 가득 품은 바람이 코끝을 스쳐 갔다. 새 이름도 나무 이름도 풀이름도 나는 잘 몰랐다. 그저 예쁘고 사랑스러웠다.

돌아올 때는 동네를 둥그렇게 돌아서 큰길 쪽으로 나왔다. 우리 집과 절 중간쯤 일본식 집이 한 채 있었다. 담장이라고 해봐야 내 키 반 정도밖에 되지 않는 작은 나무들로만 겨우 가려놓은 모양새여서 집 마당이 훤히 들여다보였다. 담 없이 그냥 터놓을 수는 없고, 그렇다고 답답한 담은 피하고 싶은, 아니면 지나는 사람들에게 뜰을 보여주고 싶어서 일부러 시늉만 해놓았을지도 모른다.

연회색 벽에 재색 지붕으로 집을 꾸며놓았다. 뜰 한쪽에는 하얀색 테이블과 철제의자가 몇 개 놓여 있었다. 지붕을 적당히 덮은 채 바람에 살랑대는 느티나무 풍성한 잎이 시원하게 보였다. 잔디마당에는 계절마다 많은 꽃들이 앞다투어 피고는 했다. 가끔 나비가 날고 새가 날았다. 이 집에 사는 사람들은 어떤 사람들일까 물끄러미 바라보다 오곤 했다.

동화 속 그림처럼 예쁘던 그 집 풍경이 가끔 생각난다. 그 앞을 지나갈 때마다 그 집에서 사람 그림자를 보지 못했다. 어떤 사람들이 살고 있을지 궁금했다. 뜰을 정성 들여 가꾸어 놓은 것을 보면 분명 누군가 살고 있으련만, 오래도록 지나다니면서 끝내 아무도 볼 수 없었다.

나도 저런 뜰 있는 곳에서 살았으면 했다. 마당에서 향기 나는 차를 마시며 지나가는 사람과 눈도 마주치고 다과를 마련해 초대해서 햇살아래 음악도 같이 듣고 그러면 어떨까. 머릿속에 그려보곤 했다.

그때 내 모습은 마를 대로 말라서 허수아비 같았다. 눈만 커다랬으며 부드럽게 곱실거리는 짧은 머리를 하고 있어서 도무지 스물 중반의 결혼한 여자 같지 않았다.

그 집 뜰에서 함초롬히 고개 숙이고 있던 옥잠화의 향기나 울타리에 흐드러져 있던 개나리 닮은 희망, 산속의 솔잎 같은 초록빛 순수와 더불어 미로 같은 의문투성이의 주름진 시간을 생각했다.

광주민주화항쟁으로 시끄러워지면서 애들 과외도 끝이 났다. 새로운 집권자가 학원 과외를 금지한 것이다. 학원 강사 자리까지 끊기게 되자 나는 대학생들의 구호와 최루탄 때문에 흘리는 눈물보다도 이 단칸방에서 얼마나 더 살아야 하나 하는 답답함에 새 정권이 싫었다. 많은 사람들이 흘리고 있는 피눈물보다, 또 과외의 폐단보다 나의 방에서 부엌, 부엌에서 방으로 통하는 문을 열고 드나드는 일이 더 괴로웠다니 지금 생각하면 나의 젊음이라는 것은 말짱 허울 좋은 이름이었지 싶다.

내가 동선동에서 날마다 추워하며 떨었던 것은 몸이 말라서도 이른 아침의 산책 때문에도 아직 식사 전이라 속이 허기져서도 아니었다. 앞으로 어떻게 살아가야 할지 답답하고 막막해서였다.

그때 구호를 외치며 불의에 치를 떨던 젊은이들은 내 또래들이었는데 그중에 몇이나 그 시절의 푸르기만 했던 정의를 그대로 간직하고 있을는지. 변해가는 세상, 변하는 사람, 상처 입은 강산, 병든 강물, 바다….

며칠 전, 밤길에 인덕원을 지나다가 아직 켜지지 않은 연등이 가뭇하게 흔들거리는 것을 보면서 문득 신흥사가 떠올랐다. 신흥사에 처음 갔던 날이 초파일 무렵이었나 보다. 작은 절 처마 끝에는 오색 빛깔 연등이 줄에 매달려서 마당에 서 있는 키 큰 나무에까지 부챗살처럼 퍼져 있었다. 그것을 보면서 연등을 올린 사람들의 기도에 대해 생각했던 듯하다. 연등에 불 밝혀 놓고 무엇을 염원하는지 그들의 염원이 이루어지기를 희망한다.

정릉 근처를 지나는데 내가 살던 동네 언저리에는 고층아파트가 거대한 절벽을 이루고 서 있었다. 아름답던 동네가 또 하나 사라진 것이다.

신흥사는 그대로 있을까. 한번 가보고 싶지만 선뜻 나서기는 어려운 그 무언가가 내 발걸음을 막고 있다. 그래도 신흥사에 가보고 싶다.

종이우산

밤새 폭우가 내렸다. 밖에 나갔는데 폭우의 흔적이 전혀 보이지 않는다. 창문이 들썩거릴 정도로 우르릉대며 퍼부어서 잠을 설치게 하더니 남해안 지방에 200mm 이상이나 왔다던 비는 흔적조차 없다.

가방 속 우산의 무게가 묵직하다. 교실 안이 퀴퀴했다. 사십 명이 넘는 소녀들의 숨, 눅눅한 나무 바닥에서 뿜어 나오는 해묵은 세월의 냄새, 공책과 교과서의 종이 냄새 지우개 연필 냄새, 형광등 불빛 아래 반짝거리는 먼지들. 창을 자주 열어 분위기를 순환시켜야 했다.

유월 장마였다. 잔가지 같은 빗줄기는 순식간에 운동장 여기저기에 웅덩이를 만들어 놓았고 온 천지가 뿌옇도록 따발총 쏘듯 퍼붓고 있었다. 고목의 큰 가지들마저 부러질 것처럼 휘청거렸다. 종례가 끝나자마자 짝꿍은 의자 사이에 뉘어놨던 비닐우산을 집어 들었다. 시간이 갈수록 굵어지는 빗줄기에 겁이 나긴 했지만, 넋 놓고 있을 수만은 없었다. 나는 덩달아서 괜히 짝꿍의 우산을 펼쳤다가 다시 잘 오므려 보았다. 짧은 겨를이었는데 착착 감기면서도 미끄러운 감촉이 손바닥에 그대로 남았다.

아직 오후 다섯 시 반, 창밖은 온통 비 오는 날 특유의 어둠으로 가득했다. 밤도 아니요, 저녁도 아닌, 그렇다고 새벽 빛깔도 아닌, 거대한 먹구름의 그림자가 창 바로 앞까지 드리워져 있었다. 교실과 창밖이 전혀 다른 세계인 듯했다. 물끄러미 운동장을 바라보고 있는 내 머릿속에까지 빗소리가 흥건했다.

가로등은 켜있으나마나 자동차 불빛보다 흐렸다. 눈을 제대로 뜨고 있을 수도 없이 억세게 때려대는 빗줄기에 얼굴이 따가웠다. 거리에는 뒤집히고 날아가는 우산을 부여잡고 쩔쩔매는 사람들로 가득했다. 어디가 인도이고 어디가 차도인지 시커먼 아스팔트 위에서 갈피를 잡지 못했다. 초등학교 적에 배웠던 '음극과 양극', '물은 전기와 잘 통하고' 등등 그런 말들이 떠올랐고, 왜 천둥은 내 앞에다만 벼락 치듯 하고 왜 번개는 또 내 눈앞에만 때려대는지…, 기절하지 않은 게 신기할 정도였다.

어머니는 저녁을 차리다 말고 "아이고 시상에, 아이고 시상에!"를 반복하시면서 빗물이 줄줄 흐르는 교복을 벗기고 머리며 얼굴이며 닦아주셨다. 오는 내내 잔뜩 겁에 질려서 온몸에 힘을 주었던 나는 몸이 풀려서 꼼짝도 하기 싫었다. 어머니가 닦아 주는 대로 그냥 마루에 멀거니 걸터앉아 있다 보면 하늘은 언제 그랬냐는 듯 얄밉게 개어 있곤 했다. 구름이란 놈도 그리 날뛰더니 지쳤나 보았다. 멀리 물러나서는 어두워질 때까지 시커먼 낯바닥으로 으르렁대는 게 전부였다.

목수건을 두른 아버지는 삽으로 작은 마당을 빙 둘러 도랑을 쳤다. 시뻘건 황토물이 집 뒤로부터 그 골을 따라 콸콸거리며 집

밖 도랑으로 빠져나갔다. 마당 여기저기 손가락만 한 지렁이가 꿈틀댔다. 먼산바라기를 하며 멍하니 앉아 있다 보면 말갛게 개어 가는 저녁 하늘처럼 어느새 마음이 편해졌다.

며칠씩 비가 갰다 넘쳤다 하는 장마철이었다. 마루 구석에 누런 빛깔의 우산 두 개가 세워져 있었다. 처음 보는 것이었다. 살짝 만져봤더니 손에서 콩기름 먹인 장판 냄새와 비슷한 냄새가 났다. 기름을 먹인 한지로 만든 것이었다. 마침 집에 아무도 없었다. 그중 하나를 골라 얼른 뒤곁에 갖다 놓고는 콩닥콩닥 뛰는 가슴을 겨우 진정시켰다. 드디어 내 우산이 생긴 것이다.

이튿날 아침 기대에 부풀어서 밥도 거른 채 집을 나섰다. 생각보다 우산은 가벼웠다. 걸어가는 내내 길 위에서 가장 빛나고 있는 것이 내 우산이었다. 교실 뒤 양동이에 세워둔 우산이 궁금해서 공부에 집중을 못 할 정도였다. 수업이 끝나갈 무렵부터 비바람이 심해졌으나 나는 이제 종이우산이 있으니 걱정할 필요가 없었다.

우산은 집에 반도 못 갔는데 뒤집히고 말았다. 종이우산의 몰골은 처참했다. 겨우 하루 만에. 짝꿍의 비닐우산은 부서져도 대개는 고쳐서 다시 쓰곤 하던데, 어찌된 일인지 내 종이우산은 다시는 쓸 수 없었다.

1960년대에는 우산 없이 비 맞고 다니는 일이 흔했다. 요즘에는 전통시장에나 있을까. 종이우산을 다시 본 적은 없다. 나는 가랑비에도 우산 들고 아이들을 마중 나가는 극성스러운 엄마가 되었다. 아이들이 다 큰 다음에도 내 버릇은 여전했다. 다행이라면 다행일까. 비 한 방울에도 전철역까지 마중 나오는 엄마를 아이들은 당연한 듯 반겼고 집까지 이야기를 나누며 같이 걷는 것 또한 좋아했다.

내가 좋아하는 노래 중의 하나도 <잃어버린 우산>이다. 종이우산을 대할 때만큼이나 두근댈 일이 살아오는 동안에 얼마나 있었던가. 잠깐 왔다 사라진 종이우산을 생각하면 물비린내가 훅 끼치곤 한다.

정월의 추념追念

검은 리무진 운구차와 장의버스가 진눈깨비 속을 간다. 드문드문 검버섯 같은 플라타너스 열매가, 장의차와 진눈깨비를 배경으로 죽음을 알리는 종처럼 잿빛 허공에서 먹빛으로 흔들린다.

교통이 혼잡한 시간, 장의버스 뒤를 따라가다 보니 어릴 때 봤던 상여 행렬이 떠올랐다. 상제가 상여를 따르고 그 뒤로는 동네 아이들과 어른들이 호기심 반 두려움 반의 표정으로 줄지어 간다.

화려한 종이꽃상여 뒤로 만장이 길게 펄럭이고 상두꾼의 상엿소리가 이어진다. 흰 띠로 이마를 동여맨 상두꾼들의 상엿소리가 아스라하게 메아리치는데, 어린 내게는 땅이 우는 소리처럼 들렸다.

상여 나갈 때와 정월 대보름 때의 추렴 행사가 닮아 보였다. 무엇엔가 취해 있는 듯 무속적으로 느껴지는 그 행위들 때문이다. 두루마기 비슷한 옷에 빨강, 파랑 띠를 두르고 평소에는 무척 수줍게만 보이던 동네 어른들이 진지한 얼굴로 사물을 두드린다. 고깔모자 종이꽃 장식들이 춤을 춘다.

우리 집 차례가 되었다. 대보름날 추렴꾼들의 기척이 들리면 나는 얼른 방으로 뛰어들어 문고리를 잡은 채, 작은 창으로 엿보며 어서 그들이 돌아갔으면 했다.

너무나 낯선 모습이었다. 그들의 몸짓이 무당이 칼춤 추는 것처럼 섬뜩해 보였다. 마당으로 죽 늘어서더니 한 사람이 나선다. "아들이 돈 잘 버는 은행원이니 돈 좀 많이 내시오."라고 아버지에게 말하는데, 나는 어린 마음에도 농사도 짓지 않는 우리에게 왜 그러나 의아했다.

상기된 얼굴을 약간 숙인 채 고개를 좌우로 살살 흔들면서 줄을 지어 가는 게 꼭 신들린 사람들 같았고, 우리가 돈을 내지 않으면 주술을 부려 혼을 낼지도 모른다는 두려움이 일었다. 문고리를 잡은 채 쭈그리고 앉아서 창호지를 통해 들어오는 마루 불빛에 방안이 발그레해진 것을 바라보다 어느새 잠이 들었다.

초가와 기와지붕 위에 쌓여있던 눈은 포근한 햇살에 천천히 녹아내렸다. 반달 모양 작은 두께로 지붕 위에 남아 있기도 했는데 그 모습이 더 정겨웠다. 눈은 겨우내내 감나무나 오동나무의 높은 가지 위에 가지런히 뚜렷한 음영을 이루며 정갈하고 차분한 설화를 그려내기도 했다.

새벽이면 어김없이 들려오는 소리가 있다. 사악사악. 제법 큰 소리로 시작해서 일정한 리듬으로 차츰 멀어지는 소리, 그것은 지붕 위의 눈덩이가 눈 쌓인 마당으로 떨어지는 겨울, 오동나무 열매가 골목마다 구르는 가을, 새벽이 일찍 빛 열어주는 여름, 싸늘한 새벽 기운이 연두 잎에 앉아 있는 봄에도 대문 앞 먼 길까지 짚어갔다가 돌아오는 비질하는 소리였다.

아버지가 날마다 쓸어내던 것은 어쩌면 가슴 깊이 똬리를 튼

한恨을 쓸어 보내는 몸짓 중 하나이지 않았나 짐작해 본다.

아버지, 하면 한복 차림으로 다리를 개고 아랫목에 앉아서 책을 읽던 모습이 먼저 떠오른다. 어쩌다 우리들이 크게 노래하거나 기타를 치고 라디오 볼륨을 높여놔도 눈을 감은 채 팔짱을 끼고 몸을 흔들면서 그저 듣고 있다. 노래를 듣는 건지 다른 생각을 하는 건지 알 수는 없었지만, 왠지 우리를 다 이해하는 것 같았다.

유품 정리를 하다가 편지 하나를 발견했다. 본가에 가서 잠시 머물고 있던 어머니에게 아버지가 보낸 편지였다. 그 편지를 읽고 나니 내가 어른이 되어갈수록 어렵게만 여겨졌던 아버지가 정겨워졌다.

새벽마다 위통이 반복되어 위장약을 복용하던 아버지가 대학병원에서 검사를 받았다. 절망적인 결과였다. 허수아비처럼 마른 아버지가 묵묵히 앞서서 걸어가는데 흔들흔들 곧 쓰러질 듯 보였다.

두어 달 누워 있는 동안 영국 신사라고 불릴 정도로 훤칠하던 모습은 피골이 상접했고 뼛속까지 들여다보일 정도로 살갗이 투명해져 갔다. 마지막 며칠, 아버지는 식사를 거부했다.

정월이었다. 그날은 발이 푹푹 빠지도록 눈이 쏟아졌다. 궤연几

筵은 큰오빠가 살고 있던 경기도 신장에 차려졌다. 그 먼 상가喪家까지 찾아왔지만 아버지 친구들은 대문 앞에서만 서성이며 차마 안으로 들어오지 못했다. 떨리는 음성으로 "내가 이 사람을 어떻게 보느냐."며 함박눈 아래 망연히 서 있을 뿐이었다. 그분들의 가슴에도 아버지와 함께 겪었던 세월이 고통의 강물이 되어 흐르고 있었을 것이다.

이념의 경계에서 발이 묶인 뒤 숱한 고문을 겪고 숨죽인 채 살아내야 했던 울분의 역사, 일흔세 해의 한을 눈보라가 자취도 없이 휘몰아 갔다.

일월 어느 때고 눈 내리는 소리에 귀기울이고 있을 때 심장이 뻐근해지도록 밀려들어 오는 무언가가 있다.

아파트단지에는 띄엄띄엄 차 소리만이 들리는데 이른 아침마다 비질 소리 들리던 어린 날 시골집이 머릿속에 펼쳐지고 농악 소리와 함께 아버지의 낮은 목소리가 들려온다. 아버지의 낮은 음성을 들으면 언제나 어린 내 가슴은 편안해지곤 했다.

나는 부모님께 그리 살가운 딸은 아니었다. 막내 여동생이 어려움 없이 귓밥도 파드리고 하는 것을 보면 신기하기까지 했다. 그런 사소한 것들이 더욱더 아쉬웠다.

낮은 언덕과 산길, 상여를 바라보며 덩달아 내 온몸 밑바닥부터 메어오던 날들, 빛바랜 창호지처럼 야위고 창백한 아버지가 유난히 긴 팔다리를 단정하게 하고 책과 지내던 그 날들에, 겨울날 헐벗은 둔덕과 마른 대쪽 같던 아버지가 겹친다.

장례문화는 바뀌었어도 육친을 향한 사모의 정은 갈수록 깊어진다. 아득한 상엿소리, 추렴꾼을 대하던 아버지의 나지막한 음성, 멀어지는 징소리, 눈 내리는 소리….

정월이면 못난 딸 하나가 별 하나 없는 캄캄한 하늘에서 겨울날 빈 나뭇가지 같기도 하고 얇디얇은 종잇장 같기도 하던 그 모습을 찾는다.

뱀딸기

따스한 손이 이마를 짚어온다. 감기 한 번 앓은 적 없던 내가 열아홉 되던 날 된통 앓아 누웠다. 방 천장이 물결치듯 오르락내리락하고 귓속에서는 된바람에 고압선이 울부짖는 그런 소리가 났다. 밤인지 낮인지 모를 어둠. 비몽사몽간에도 느껴지는 것은 이마를 짚어오는 어머니의 그 아늑하고도 따뜻한 손길이었다. 건강하기만 하던 셋째 딸이 스무날째 앓고 있다. 사촌고모네 약국에서 지어다 먹인 약이 영 듣지 않자 한약을 지어오셨다. 태어나서 처음 먹어보는 한약이었다. 한약까지 지을 형편은 아니었을 거다. 어머니가 주시는 쓴 약을 달게 받아 마시면서 어린 날로 되돌아간 듯싶었고 오래오래 앓아누웠으면 싶었다.

고창군 무장면에서 멀리 김제로 시집온 어머니는 층층 시동생 시누이 시부모를 모시고 살면서 여섯 아들딸을 두었다. 나중 분가한 뒤에 막둥이를 얻었다. 나는 이모가 셋에 외삼촌이 한 분인데 어머니의 오빠(외삼촌)는 요절하셨다. 어머니를 끔찍이도 아껴주었다는 오빠 얘기를 할 때면 어머니는 꿈에 젖은 듯 소녀 같았다.

평소에는 일에 파묻혀 쉴 새 없던 어머니가 어쩌다 나들이 갔다가 동네 고샅에 들어설 때면 윗집 옆집이며 동네 사람들이 "인숙이(큰언니) 어머니는 어찌 그리도 곱다냐!" 그러곤 했다. 화장도 거의 안 한 수수한 차림인데도 어린 내가 봐도 정말 고왔다.

아버지 유품을 정리하는데 친정 나들이 간 어머니에게 아버지가 보냈던 사오십 년쯤 된 편지가 나왔다. "어이쿠! 어머니한테 '내 작은 인형'이라고!" 우리 형제들은 어머니 아버지 얘기로 즐거워했다.

어머니에게 뇌경색이 찾아왔다. 큰오빠 전시회를 보러 예술의 전당에 어머니를 모시고 갔는데 그림을 대하거나 큰오빠를 보거나 어머니는 반응을 보이지 않았다. 약간 찡그린 표정으로 한곳에 서 있기만 했다. 예전 같으면 오빠 손 부여잡고 "애썼다. 참 좋다. 강아지들은 어찌 지내나?" 들뜬 여학생 같았을 텐데 완전 말을 잊은 사람 같았다. 예술의전당 마당에서 언니랑 나란히 서서 사진을 찍을 때에야 표정이 달라졌다. 주춤주춤 언니에게 붙어서면서 활짝 웃으시는 거였다.

왜 몰랐을까. 그때가 어머니와의 마지막 나들이라는 것을. 여전히 마음의 중심을 잡지 못하고 비틀거릴 때마다 나는 어머니 생각만으로도 어깨를 한 번 더 편다. 여전히, 예술의전당 봄햇살 아래 사월 드센 바람이 밀어대는 치맛자락에 끌려가듯 몸이 기울며 위태롭게 서 계시던 어머니의 모습이 생생하다. 여전히, 어머니 곁에 가만히 기대 누웠을 때, 볼을 쓸고 이마에 흘러내린 머리카락을 넘겨주며 손을 꼬옥 잡아주시던 그 저물녘 장롱의 칙칙함까지 떠오른다.

손주들이 학교에 가느라 가방을 짊어지면 "아이고, 내 강아지들

세상 짐 지고 나서는구나." 정 듬뿍 배인 음성. "성질 급하게 먹지 말고 늘 그러려니 하소."라며 마음 달래주던 목소리.

바람이 낙엽을 무동 태우고 뜀박질한다. 어둑어둑해지는 길에 두세 살 정도 되는 사내아이가 유모차를 타고 부지런히 가고 있다. 아이는 어두워지는 사방 길을 두리번거리며 흔들흔들 앉아있다. 그 모습이 사랑스러운 한편, 뭣 모르고 세상에 내려온 저 어린 것이 첫 몸짓, 첫 세상 모든 것을 알아가느라 얼마나 끙끙대고 어리둥절하며 막막할까 하는 쓸데없다면 쓸데없을 그런 생각도 든다.

흐릿하던 사물이 차츰 또렷하게 보이는 것을 시작으로 옹알이 죔죔 도리도리 곤지곤지 온갖 것을 터득해야 하는 변화무쌍한 이 세상. 차근차근 알아갈 새도 없이 물밀듯 닥쳐오는 학습의 단계들.

아기가 내 일거수일투족을 지켜본다. 잠든 아기를 아랫목에 뉘어놓고 윗목에 앉아 밥을 먹다 무심코 아랫목 쪽을 돌아보았는데 아기가 반짝반짝 나를 바라보고 있었다. 행여나 깰까 봐 허겁지겁 그러나 조심스레 점심을 먹던 나는 아기와 눈 마주치는 순간 어이없게도 몸이 굳어버렸다. 산전수전 다 겪은 해탈한 스님 같은 표정으로 그렇게 평온하게 제 어미를 바라보는 어린것. 저 조그만 몸 저 조그만 머릿속에 세상이 어떤 모습으로 자리 잡아가고 있을까.

유모차에 앉아 흔들리며 가는 어린것들, 아랫목에 누워 엄마를 바라보던 내 아이들, 나를 어루만지던 내 어머니 손길을 잊지 못한다.

> 치장 좋아하는 어머니
> 무덤 위에도 보석 핀을 꽂으셨나
> 봉분 위에 빛나는 빨간 구슬
> 나는 병아리 되어 입에 뭅니다
>
> —졸시, <뱀딸기>

한식날 어머니 아버지 계신 산소에 가면 뱀딸기가 여기저기 쏙쏙 얼굴을 내밀며 반짝인다. 나는 산딸기를 뱀딸기라 부른다. 뱀이 낳은 알이라 여겨서 예쁜 몸통을 만져 보기만 했지 먹어본 적은 없다.

우연이겠지만 그 뱀딸기가 어머니 무덤에 특히 많다. 영롱한 그것을 바라보다가 형제들은 늘 비슷한 말을 한마디씩 하곤 한다. "화가 나더라도 그러려니 하라고 그러셨지, 손주들에게 그려준 그림 보면 그림 솜씨 놀라웠지, 동화책도 수십 번 목이 쉬도록 읽고 또 읽어주셨지. 손재주 있으셨지, 소프라노셨지, 잘 웃으셨지, 소박하게 꾸미는 것을 좋아하셨지, 정말 고우셨지."

글 짓는 사람으로서 부모님 이야기는 누구나 쓰고 싶을 거고 많이 쓰기도 한다. 부모님 이야기를 꼭 잘 써야 한다는 법은 없지만, 제대로 잘 쓰기란 사실 어렵다.

누가 이러쿵저러쿵하던 간에 내 마음에 간직하고 있는 나의 시를 한 편 선택하여 속내를 드러내 본다.

제4부

관계에 갇히다

더위 먹은 날

깨진 기와

집 찾기

콘도미니엄

결혼행진곡

노老화가를 만나다

다시 읽는 <지하촌地下村>

가을 아다지오

1.7평의 여행

관계에 갇히다

더위 먹은 날

올여름 더위는 참 지독스럽다.

마트 주차장으로 나오자 단 몇 분 만에 온몸이 후줄근해졌다. 내 차를 가로막고 있는 검은 자동차 한 대. 차 주인이 나타나기를 기다리는데 사우나 속 같은 열기에 땀구멍 하나하나까지 뒤집히고 있다. 남의 차를 두 대나 가로막고서 브레이크까지 걸어놓고도 모자라는지 전화번호도 남겨놓지 않았다. 그 검은 물체를 노려보고 있는 몇 분 몇 초가 몇 시간과 맞먹을 정도로 주차장의 열기는 숨막힐 지경이었다.

내 옆 차 주인인 게 분명한 젊은 여자는 천연덕스레 트렁크에 짐을 옮기면서 자기 차 앞을 다른 차가 막고 서있건 어쨌건 조금도 관심이 없는 듯하다. 성격 차이일까, 아니면 유독 내가 더위에 민감해서일까. 그 여자의 덤덤한 행동에 경외감이 생길 지경이었다.

문득 햇살이 좋아 마당으로 들로 산으로 쫓아다니던 얼굴 새카맣던 어린 날들이 생각난다.

초등학교에 들어가기 전 일이다. 다섯 살 때였던가. 큰언니를 따라 무장 외가에 갔었다. 나를 귀여워해 주던 외숙모가 사촌들이 보는 앞에서 내 바지를 내리고 맨 엉덩이를 몇 대 토닥였다. 나는 너무 분하고 창피해서 울음을 그칠 수가 없었다. 네다섯 시간 정도 엄마를 부르면서 졸다 울다 그랬다. 뙤약볕에서 그 오랜 시간을 버티며 이런저런 생각도 해가며 땅바닥 조약돌도 굴려 가며 울음이 나오지 않아도 우는 소리를 냈다. 어린 마음에 할 수 있는 최대의 항거였으리라. 울음소리를 그쳤다가는 어쩐지 외숙모가 내게 한 행위를 내가 용서했다고 여길 것만 같았다.

초등학교에 입학한 다음 날부터 나는 새벽 등교를 했다. 첫날부터 혼자서도 잘 찾아가서는 아무도 없는 새벽 운동장 한쪽에 엎드려서 돌멩이로 그림을 그리며 혼자 놀곤 했다.

태양은 항상 같은 태양인데도 지금의 태양은 그저 뜨겁게만 느껴진다. 그때의 태양은 참 맑고 아름다웠다. 한낮에 운동장에서 그 열기를 다 받고 있어도 곱고 맑은 태양이 전혀 뜨겁게 느껴지지 않았다.

사실 땅바닥에 줄을 그으며 노는 것보다 주로 해를 바라보며 그 아름다움에 거의 정신을 놓다시피 했다. 그 후유증으로 지금 눈병을 앓고 있긴 하지만 말이다.

오빠 말에 의하면, 어린것이 떼쓰느라고 뙤약볕에 앉아서 징징대고 있으면 그늘로 옮겨놓았는데 금세 다시 땡볕으로 나앉아 계속 징징거렸다고 한다.

겨울이면 내복도 코트도 없이 교복 하나로 발발 떨었다. 낡은 운동화에는 얼음물이 스며들어 발이 꽁꽁 얼었다. 내가 좋아하는 여름이 곧 오리라는 기대로 한없이 길게 느껴지던 겨울을 잘 견뎌

낼 수 있었을 것이다.

이제 그런 여름은 없다. 에어컨을 켰는데도 실내 기온은 27도에서 더 내려가지 않는다. 밤새워 뒤척이다 보면 온도계가 30도 이상을 가리키곤 한다. 한파보다도 폭염으로 목숨을 잃는 일이 50배 이상이라니 여름을 무서워하는 것이 무리는 아니라고 혼자 위로한다.

태양이 좋아, 여름이 정말 좋아,라고 말하던 그 여름은 어디로 갔을까.

더위에 강한 사람이 정말 존경스럽기까지 하다. 목 위로 치솟는 열 때문에 나는 정신없이 헉헉대는데, 에어컨 바람이 싫다며 긴 소매 옷으로 가리고 문을 꼭꼭 닫는 체질이 부럽다. 나도 한때는 선풍기 바람이 싫다며, 부채질 살살 하고 방문도 꼭꼭 닫고, 햇빛까지 들어오는 작은 방에서 독서삼매에 빠지곤 하던 때가 있었다. 우물에 수박을 띄워 놓고 찬물로 등목하며 한여름을 견뎌내는 게 다반사였다.

적도보다 더 뜨겁다는 한반도의 열기, 그 옛날 그 여름으로 되돌아가고 싶다.

사람만 열상, 화상, 동상을 입는 게 아니다. 지구도 사람 때문에 상처를 입고 골병이 들고 열섬현상으로 몸살을 앓고 있다. 수목한계선이 해마다 북상한다는 이야기를 자주 듣는다. 조여졌던 세포들의 나사가 태양열에 녹아 헐거워져서일까. 어느 때보다도 더 울창한 나무들과 산을 바라보며 마냥 좋아해야 할지.

얼굴은 달아오를 대로 오르고 땀으로 샤워한 몰골이 되어 이런 저런 생각에 뒤죽박죽인데 젊은 남자 둘이 활기차게 걸어왔다. 핸드브레이크까지 점잖게 올려놓고 남의 차 두 대를 가로막은 채 볼일 보고 온 일렬주차 주인들이다. 더위와는 전혀 상관없어 보이는 얼굴로 무슨 일 있었느냐는 듯 해맑게 웃으며 우리에게 가볍게 목례하고는 주차장을 떠난다.

뒤통수를 한 대 얻어맞은 듯 나만 그 뒤를 멀거니 바라보고 있었다. 내 옆 차의 주인 여자는 여전히 무표정하고도 뽀송뽀송한 얼굴로 시동을 걸고 일별도 없이 유유히 떠났다.

나만 더위를 먹은 게 분명했다.

깨진 기와

골목이 좁았다. 거기에다 직각으로 꺾여 있었다. 그 골목을 돌아가는 모서리에 낮고 조그만 기와집이 있었는데 지붕 꼬리가 길에까지 삐져나와 있었다. 곡예 부리듯 아슬아슬하게 꺾어가던 용달차가 그 기와지붕 꼬리를 쳤다.

오빠 둘과 자취하던 친구가 장승배기 근처 방 두 칸짜리로 이사하던 중이었다.

그 집은 보기에도 오래된 집이었고 그러잖아도 지붕 여기저기 이가 빠져 있었다. 삽시간에 길바닥이 난장판이 되었다. 친구와 운전기사가 어쩔 줄 몰라 하고 있는데, 주인아저씨가 나와서 보고는 알아서 할 테니 어서 짐이나 풀라며 안심시켰다. 짐을 옮겨놓은 뒤에 나가 보니 어디에서 기왓장을 구해 왔는지 진흙을 개어 땜질을 하고 있었다.

그로부터 사십여 년이 흘렀다. 그 친구의 아들이 분가한다고 해서 방을 구하러 갔다. 직장과 가까운 곳에 방을 얻어야 했다. 원룸과 투룸 모두 전세금이 많이 올랐다고 부동산에서는 우리에게 겁부터 준다. 교통이 좋고 마트가 가깝거나 하면 나오는 대로 금방 빠진다고 했다.

가진 돈으로는 원룸밖에 얻을 수 없었다. 투룸은 원룸 전세 값의 삼분의 일 정도를 더 내야 했다. 일단 나와 있는 물건을 차례대로 보기로 했다. 점심 먹은 직후부터 해가 가뭇해질 때까지 동네를 돌았다. 좀 괜찮겠다 싶으면 가격이 터무니없이 비쌌다. 투룸은 나오는 족족 계약이 바로 성사되는 바람에 물건이 아예 없었다.

길은 잘 닦여 있었다. 예전 주택가와는 비교도 되지 않게 잘 닦인 길에 집들도 거의 새로 지은 집이었다. 거기에다 침대와 책장이나 TV만 들고 들어가면 되었다. 보여주는 곳마다 전자제품이나 옷장 등은 옵션으로 마련해 준다고 하는데, 덩치 큰 남자들이 생활하기에는 좁아도 너무 좁았다. 한 사람이 겨우 이불 깔고 잠이나 잘 정도였다. 자기 자식들이 살 곳이라면 이렇게 지었을까 묻고 싶었다.

옛날 한 방에 여럿이 살던 때를 생각해서 이 정도면 감지덕지하라는 건가. 원룸 빌딩은 동네 곳곳에 들어서고 있었는데 칸칸이 방 수효만 부풀려서 짓는 모양새였다. 해도해도 너무한다 싶었다. 심란해서 둘이 멍하니 서 있는데 어디서 무슨 행사가 벌어지고 있는 건지 바람결에 마이크 소리가 커졌다가 작아졌다 메아리쳤다.

전세금이 많이 오르다 보니 아무래도 서울 외곽으로 찾아오는 사람이 늘어나기 마련이었다. 그 때문에 값이 널뛴다는 이야기였다. 시멘트 가루가 허옇게 날리는 계단을 터벅터벅 내려왔다. 기운이 다 빠져서 더는 다니기가 힘들었다. 말문이 막힌 우리를 하늘이 물끄러미 내려다보고 있었다.

새 건물 사이사이에는 아직 텃밭들이 남아있었다. 오래된 주택들과 함께 때때마다 익어왔을 아직 뽑히지 않은 호박 · 고추 · 오이 · 가지들이 드문드문 노랗고 빨갛게 꼬들꼬들 마른 열매들을 매단 채, 저녁답 쌀쌀한 기운 속에서 이리저리 흔들리고 있었다. 너희들은 얼마나 그곳에서 버틸 수 있겠니.

주말이면 가끔 그 친구가 자취하는 집에 놀러 갔었다. 고목이 된 감나무가 창문 앞에 그늘을 펼쳐놓는 말끔한 그 집이 왠지 좋았다. 언제나 조용하던 분위기도 좋았다. 새로 지은 깨끗한 집이라서 그런 것만은 아니었다. 집마당은 항상 정돈되어 있었다.

친구 말을 들어보면 늦게 직장에서 돌아올 때 초인종을 누르면 온 집이 환해진다고 했다. 대문 열쇠를 가지고도 어쩌다 보면 벨을 누르게 되는데, 주인 아저씨가 집안 불을 죄다 켜놓고 나와서 대문을 열어주었고 피곤하겠다며 어서 쉬라고 인사를 건넨다는 것이었다.

늦은 밤, 굵은 빗발이 두둑거리는 소리에 무심코 창밖을 내다보면 주인 아저씨가 하수구가 막히지는 않는지 연탄불이 잘 타는지 부엌문도 열어보고 이리저리 살피고 다녔다고.

한번은 저녁에 퇴근해 오니 친구 큰오빠와 아저씨가 마루에서 이야기를 나누고 있었는데 아저씨 얼굴이 붉어져 있었다고. 지방대에 입학한 큰딸 자취방을 얻어주러 주인 아저씨가 지방에 다녀왔단다. 방을 얻긴 얻었지만, 너무도 속이 상해 울었다고 한다. 젊어 고생은 사서도 한다지만, 모퉁이에 시늉으로만 달아낸 부엌 하나. 겨우 사람 하나 들어앉을 정도의 방이었다고….

그 주인 아저씨는 세상 떠난 지 오래되었다. 비 샐까, 연탄가스 샐까, 늦은 밤 얼마나 고단할까, 혹여 건강 해칠까, 피붙이처럼 돌봐주던 아저씨. 정작 자신의 딸이 허름하고 불편한 방에 세 들게 되었을 때 마음 아파하며 흐느꼈다는 말을 전해 들으면서 왠지 마음이 따뜻해졌었다.

만약 용달차가 지나지 못할 정도로 각진 골목이거나 이사하는 날 용달차가 동네 집 지붕 기와를 부숴놓았다면 이사나 제대로 할 수 있었을까. 열쇠가 있으면서도 초인종을 누른 자취생을 온 집안을 밝혀 자식에게 하듯 그렇게 맞아줄 사람이 있을까. 만일 밤마다 혹은 비 오는 날 우산 쓰고 일일이 살펴보고 다니면서 간섭한다면, 과연 고마워하거나 곱게 봐주기는 할지, 그 주인에 그 세입자라고나 할까.

집주인과 세입자들이 마당에 둘러앉아 텃밭에서 갓 뜯어온 푸성귀와 더불어 삼겹살을 나누던 그런 추억이 불도저로 밀려 머나먼 곳으로 사라져 간다. 우리 아이들이 살아갈 골목이 사라지고 그 아이의 아이들이 살아갈 세상은 어떤 모습으로 다가올지 알 수 없지만, 알콩달콩 정겹던 이웃들의 이야기는 회복 불가능한 꿈으로나 남을 것인가,

좁은 방 한 칸에 육칠천만 원 하는 아들놈 셋집을 얻어주며 돌아오던 때가 생각나 친구 손을 꼭 잡고 우린 말이 없었다.

집 찾기

아들아이가 걸음마를 할 때다. 부평에서 음식점을 하는 시누이를 만나러 갔다. 마침 점심시간이라 무척 분주했다.

나는 아이들을 잘 챙기는 편이다. 그런데 안부를 주고받는 사이 분명히 옆에 있던 아들이 금세 보이질 않는다. 열린 문으로 나간 모양이다. 뒤뚱대는 걸음으로 멀리 가지는 못했을 텐데 아무리 찾아도 보이지 않는다. 다리가 풀려서 그만 주저앉아 버렸다.

애아빠가 소리를 질렀다. 어디서 튀어나왔는지 저만치 길모퉁이에 아기가 보였다. 나는 해찰하는 아기를 잡으러 일어날 힘도 없었다. 아기를 안고 오는 것을 그저 바라보기만 했다. 우리는 점심도 거른 채 그냥 집으로 돌아왔다.

잠깐인데도 어미 품을 잃은 어린것이 얼굴이 상기되어 어쩔 줄 모른다. 어릴 때 겪는 두려운 체험 하나가 평생을 간다고 한다. 나도 아주 어릴 적에 언니, 오빠들과 동네 방죽가에 놀러 갔다가 길을 잃을 뻔한 적이 있다.

그때 나는 희미하게 울리는 산울림이 어머니가 나를 부르는 소리 같아서 산 쪽으로 계속 걸어갔다. 그러다 갑자기 주변이 어둑해지자 잔뜩 겁이 났다. 언니, 오빠들이 외쳐 부르는 소리가 들렸다. 그 뒤로는 산들이 둘러 있는 풍경을 보거나 혼자 있을 때면 공포심이 일어났다. 그럴 때면 애들을 단속하는 일에 더욱 과민반응을 보였다.

그 산 너머에는 무엇이 있었을까. 정말 영혼의 소리라는 게 있을까. 잠깐이었지만 아들아이도 골목길을 헤맬 때 얼마나 겁이 났을까 싶고, 방죽가에서 헤매던 일이 내 마음 한구석에 깊숙이

각인되어 있었나 보다. 아들아이를 잃을 뻔한 기억과 맞물려서 애들을 키우는 내내 안심을 못 하였다.

어린아이가 샛별 같은 눈으로 제 어미를 찾고 확인을 하면서 평화로워지지만 그렇게 오직 순수하고 사랑스럽기만 한 눈빛 교환은 일생에서 잠깐일 뿐이다. 어미는 평온한 보금자리 그 자체다. 낙엽이 발에 밟힌다. 생명을 주었던 흙에 겸손하게 몸을 맡기는 것처럼 보인다. 생명 있는 것들은 끝내 발원지로 돌아간다.

어느 날 낯모르는 노인이 우리 며느리 집을 찾아달라면서 지나가는 사람마다 붙잡고 애원하는 걸 보았다. 아들이 아닌 며느리 집이라니, 보통은 내 아들네 집이라고 하지 않나. 온전치 못한 정신에도 그렇게 말하는 데에는 뭔가 이유가 있을 것 같았다.

나중에 듣고 보니 치매를 앓고 있어서 아들 부부가 자주 연락을 받고 모셔가곤 한다고. 그 노인에게도 인간의 가장 기본적 잠재의식인 귀소본능이라는 게 남아 있던 모양이다. 아이들은 단순히 내 집, 내 부모만 곁에 있으면 그것만으로도 세상에 두려울 게 없을 것이다. 노인은 자신의 내면은 잃었지만, 그 잠재의식 속에서는 피붙이를 알아보는 본능과 그 피붙이를 통해 보호받을 수 있다는 믿음은 잃지 않은 것이다.

내려야 될 층에서 엘리베이터 문이 열렸는데도 멍하니 지나치며 한층 두층 무심코 올라갈 때가 있으니 나도 노인처럼 집 찾느라 헤매지 않으리라는 보장은 없다. 그 노인은 그러한 자신의 미래를 상상이나 했겠는가.

치매 앓는 노인들을 보면 송두리째 텅 비어 버린 영혼이 어둠 속을 정처 없이 떠도는 것으로 보인다. 누구라도 인연의 기억 속에 남긴 희로애락은 있을 것이다. 그리 생각하면 비록 영혼이 길을 잃고 헤맬지언정 삶이 부질없는 것만은 아니라는 생각도 해본다.

회색빛 하늘 아래 서서 노인 닮은 낙엽을 물끄러미 바라보다가 눈앞이 흐려져 내가 갈 방향을 구분하기가 어렵다. 낙엽은 비로 쓸고 태워져서 사라진 듯 보여도, 땅에 거름이 되고 사람에게 서글픈 상념을 선사하기도 한다. 새삼 낙엽이 눈에 걸린다. 반백이 되도록 그 누구에게도 거름이 되어주지 못한다는 생각이 든다.

골목 많은 동네에 살 때는 골목을 더 지나치거나 못 미칠 때가 있고, 정류장을 잘못 내려서 두세 정류장을 되돌아가느라 지치기도 했다. 요즘에도 가끔 한눈팔다 목적지를 지나친다.

애간장을 녹이던 아들아이는 청년이 되어 있고, 애들과 종종대던 나는 어느덧 중년이다. 사람의 한평생이 길다 하면 긴데 나는 그 세월의 어느 지점까지 집을 잘 찾아갈 수 있을지 알 수 없다. 내 영혼이 찾아갈 집 하나는 마련해 놓았는지 지나온 길들을 영사기 돌리듯 되돌려보고 싶다.

살아가면서 정류장 한두 개를 지나친다 한들 뭐 그리 대수라마는, 그렇다고 지나치는 일이 자주 반복되어서는 안 될 것이다. 훗날을 미리 알지 못하니.

찬바람 파고드는 건널목에서 신호등이 여러 번 바뀌도록 생각에 빠져 있는데, 언젠가 보았던 미래의 내 자화상 같은 노인이 언뜻 신호등 너머로 사라진다.

콘도미니엄

흰개미 떼가 새벽안개를 물고 온다. 어디서 거대한 모깃불을 피워 올리고 있는지 나무와 잡초마저 뿌리째 뽑혀나간 벌판을 점령한다. 안개 덮인 골프장 신축 공사장이 거대한 웅덩이 같다.

공사가 시작되던 날 근처 저수지에서 시신 한 구가 떠올랐다는 풍문도 있었다. 누군가 앉아있었을 의자의 팔꿈치가 저수지에 떠오른 두 귀처럼 하얗게 도드라져 보인다.

큰아이 결혼 날이 잡혔다. 결혼식 전에 마지막 여행을 다녀오기로 했다. 여름휴가를 보내러 온 사람들로 리조트가 붐볐다. 체크인부터 한 다음 콘도 주변을 둘러보기로 했다. 공연장이며 식당, 볼링장, 게임장, 슈퍼 등 유명세를 타는 리조트답게 모든 시설을 잘 갖춰 놓았다. 이박삼일의 숙박비, 식사비, 차량, 기름값만 계산해 봐도 만만치 않아서 예산을 잘 짜야 했다. 유흥이 포함된 휴가는 곧 비용과 연결되니까.

콘도 정면으로 초대형 미끄럼틀처럼 뻗어 내린 스키장이 산 가르마처럼 보였다. 케이블카를 타고 올라가서 스키장 꼭대기에 발이라도 찍고 오기로 했다.

멀리 아래에 펼쳐진 하얀 건물들을 내려다보며 골짜기 나무숲을 거슬러 올라가는데 저절로 몸이 굳었다. 드넓고 높은 공중에 떠 있는 나. 좁은 사각 모양의 케이블카 안에 서서 아직 산중턱인데 제발 어서 내려갔으면, 마음을 졸였다. 내겐 흥이란 게 애당초 없는 모양이었다. 휴가 온 것 같지도 않고 화려한 장식물 흥겨운 음악 그 무엇에도 덤덤했다.

야외 식당 겸 공연장 주변에서 까마귀 새끼들이 음식부스러기를 쪼며 종종거리다가 사람들이 다가가면 날아가는 게 보였다. 가림막 뒤 쓰레기통 주변마다 새까만 까마귀 머리통들이 움직이고 있었다. 사람들이 그걸 보면서 수군수군했다. 까마귀가 많다고. 살던 나무들이 다 뽑혀져서 리조트로 내려온 거라고.

새벽 이른 시간에 딸과 둘이서 주변을 산책했다. 콘도 옆에 조성해 놓은 작은 연못과 꽃밭 그리고 아무도 돌보지 않는 듯한 숲길과 논두렁 잡초들. 좀 으스스한 기운이 느껴졌다. 거미줄 친 논두렁 풀숲 위에서는 물장구며 개구리들이 뛰어다녔다. 병든 호박이며 깻잎들이 밭두렁에 쓰러져 있고 토마토가 열매를 매단 채 도랑에 잠겨 있었다.

리조트 건물에 가려져 잘 보이지 않는 곳에는 화물 트럭들이 여러 대 서 있었다. 굴착기가 붉은 흙먼지를 날리며 한창 땅을 파는 중이었다. 석재 따위가 쌓여 있는 게 무언가 또 다른 조형물을 세우려는가 보았다. 산비탈의 계단형 밭 모양으로 꽃밭 계단을 꾸미던 나이 지긋한 여자들이 땀을 닦으며 우리를 물끄러미 바라보았다. 동네 사람들 같아 보였다. 우리 외에도 많은 리조트 손님들이 나와 있었다. 이만한 리조트를 조성하려면 얼마나 많은 숲과 논밭이 희생되었을까.

밤에는 방 불을 끄고 테라스에 앉아 바깥을 보았다. 스키 코스를 밝히는 가로등이 촛불처럼 늘어서 있었다. 사람 없는 그 길고 넓은 내리막의 적막이 멀리서도 느껴졌다. 경사진 코스를 따라 불빛 사이로 검은 물이 흐르는 것처럼 보였다.

적막 속 어디선가 아기 우는 소리가 들렸다. 야외 식당에서 틀어놓은 음악 소리만 저 혼자 떠들고 있었다. 누군가가 벽을 탁탁 두드리곤 했다.

안개가 온통 먹어드는 창밖 안개 너머에서 까마귀가 울고 있다. 산이 무너져 내리고 백 년 넘은 나무들이 통째 뽑혀 나가던 악몽을 아직도 꾸는 걸까. 어미 잃고 집 잃은 새끼 까마귀가 오줌 저린 아이 선잠 깨듯 목쉰 소리로 힘없이 안개를 긁어댄다. 저 울음의 끄트머리 밤새 유원지 불빛과 음악 소리에 잠 못 이루던 허기진 졸음이 떨고 있는 것이다. 무리는 다 어디로 갔을까.

까마귀 울음소리 드높아 간다. 어린것이 퍼덕이는 힘찬 날갯짓에 안개가 서서히 걷히고 있다. 곧 힘차게 날아오를 것이다.

결혼행진곡

두 뼘이나 될까. 막 태어난 딸아이 고 조그만 게 고운 눈을 감은 채 새근거리며 잠들어 있다. 그 모습에 '아가, 사랑한다. 아가, 사랑해.' 하며 한없이 들여다보던 때가 생각난다.

무주 이모 집에 놀러 갔을 때 딸과 두 살 터울인, 돌도 지나지 않은 아들이 폐렴을 앓게 되었다. 큰 병원으로 가야겠기에 나는 아들만 데리고 서울로 먼저 올라왔다. 딸은 이모 집에서 한 달

정도 더 지내야 했다. 나중에 아들이 입원하고 있는 병원으로 아이아빠가 딸을 데려왔다. 반가운 마음에 안아주려 팔을 벌리자 딸은 선뜻 달려들지 못하고 두 손을 마주 꼬며 어색하게 서 있었다. 그때 그 모습도 자꾸 떠오른다.

길을 가면서도 티브이를 보면서도 책을 읽으려 해도 딸아이의 어린 시절이 어른거린다. 중학교, 고등학교 내내 사춘기가 뭔지도 모르는 양 졸린 눈을 비비며 그저 군소리 없이 새벽밥 먹고 학교에 가던 일, 시험 준비로 보내던 꽃다운 이십대, 어여쁜 딸의 얼굴에서 점차 웃음이 사라지던 시간이 눈앞을 가린다.

딸아이의 결혼을 앞두고 한 달 내내 그랬다. 사소한 일에도 내 화를 못 이겨서 딸을 나무라던 일, 으레 밥 잘 먹고 건강하려니 싶던 딸애가 감기 때문에 된통 고생하던 일들이 자꾸 생각났다.

딸은 말이 별로 없는 편이다. 부모 말을 대부분 거역하지 않고 잘 따른다. 그래서인지 잘 챙겨주지 못한 일들만 더욱 생각이 났다. 잠을 통 이룰 수 없는 건 물론이고 혓바늘이 돋은 듯 밥 먹기도 힘들었다. 중학교 때 편도선 수술을 했을 때 딸은 그때 침만 삼켜도 아프다 했다. 그런데도 가만히 누워서는 아프냐면 고개만

끄덕였고 엄마랑 같이 있으니 좋다며 방그레 웃었다. 그런 일도 새삼스레 생각났다.

이천십이 년 십일 월 십칠 일 오후 세 시 삼십 분. 길목마다 늦가을 바람이 사정없이 내닫고 있던 날, 서울중앙지방법원 청사 예식장 주변에서는 단풍잎들이 춤판을 벌이고 있었다. 미리 도착한 하객들은 인사를 나누며 사진 찍기에 바빴다. 바람이 거칠어 좀 싸늘한 감이 있었지만, 빛나는 웨딩드레스와 하얀 리무진과 이리저리 몰려다니는 붉고 노란 낙엽의 대비는 그야말로 기막히도록 훌륭한 조화였다. 그날도 오후 세 시가 되도록 아무것도 먹지 못했던 나는, 묘하게도 그 풍경 속에서 마치 수초처럼 고요히 흔들리는 기분이었다.

웃음 띤 얼굴로 마주보며 함께 축가를 부르고 있었다. 신랑이 가사를 더듬는 듯하면 신부가 알려주고 박자까지 살짝 맞춰가면서 말이다. 저게 내 딸인가. 정말 신기했다. 단둘이서만 이 자리에 서서 의식을 행하고 있는 것처럼 보였다. 사랑하는 눈길로 서로에게 노래를 불러 주고 있었다. "지금 이 순간/ 지금 여기/ 간절히 바라고 원했던 이 순간/…/간절한 기도/ 절실한 기도/ 신이여 허락하소서." 하객들 앞에서 신랑신부는 떨지도 않았다. 딸의 그런 모습이 눈부셨다. 저 녀석에게 저런 당찬 모습이 있었구나, 싶으면서 눈을 뗄 수 없었다.

이천십삼 년 일 월 육 일, 강남 '파티오 나인 웨딩 갤러리' 열두 시 삼십 분. 내가 좋아하는 지인의 딸이 웨딩마치를 울렸다. 역시 신랑신부는 시종일관 웃음으로 화답하고 있었다.

이천십삼 년 일 월 십구 일 상월곡역 '맑은 샘 광천교회' 한 시 삼십 분. 조카의 결혼식이었다. 교회가 예술의전당보다 더 넓어 보였다. 예배처럼 진행되는데도 유머 섞인 목사의 주례로 예식 분위기는 무척 화기애애하고 경쾌했다.

신랑은 전문 작곡가요, 신부는 가스펠 가수이자 실용음악 학원 원장이다. 그래선지 두 달여 사이에 치른 세 결혼식 중에서 음악의 비중이 상당히 컸다. 머리를 길게 기른 신랑의 겉모습 때문에 왠지 '아, 말도 상당히 잘하겠구나.' 하는 선입견이 있었다. 그러나 오해였다. 내 딸 결혼 때나 지인 딸 결혼 때는 신랑이 굉장히 활달해서 주례의 물음마다 씩씩하게 화답했었다. 그런데 이 조카사위 될 신랑은 많이 긴장한 모습이었다. 몸까지 얼어버렸다. 주례가

“마주 보세요.” “돌아서시오.” 할 때마다 비틀거리며 대답하기도 힘겨워했다. 땀 흘리며 긴장하는 모습 또한 행복의 다른 빛깔이려니….

한 달 걸러 딸을 시집보낸 친정 어머니이자 장모가 된 우리 세 사람. 딸 결혼을 앞두고 우리는 그동안 통화를 자주 하며 서로 격려도 하고 걱정도 많이 했었다. 이제 결혼식 전과 후의 통화 내용이 달라졌다. 통화의 주된 내용은 딸들의 신혼살림 이야기이다. 반찬은 어떻게 하며 아침들은 해 먹고 출근하는지, 사위가 얼마나 예쁜지, 집에 언제 오는지, 어찌 그리 바쁜지, 건강은 어떤지.

<지금 이 순간> 노랫말처럼 지금 여기 이 순간이 참으로 소중하리라. 여리고 눈에 넣어도 아프지 않을 어린것들이 성장해서 짝을 만나 사랑하고 반려자가 되기를 약속하는 결혼식. 입장할 때와 퇴장할 때 울리는 결혼행진곡. 그 행진은 두 사람이 희망으로 나아가는 행진일 것이다.

‘아가, 사랑한다. 아가 사랑해.’ 하며 한없이 들여다보던 때가 다시 떠오른다.

노老화가를 만나다

아는 분이 전시회를 추천해 주었다. 덕수궁 현대미술관에서 <김보현 화업 60년전>이 전시중인데 가서 보면 좋은 경험이 될 것이라는 말도 덧붙였다.

전시회에 가볼 기회가 별로 없던 나는 말 들은 김에 한번 가보자는 생각에 시간 내어 다녀왔다. 같이 다녀왔던 사람들에게서는 그 전시회에 관한 아무런 말도 듣지 못했다. 나는 그 그림들이 무엇을 말하고자 하는지를 이해할 수 없었다. 그래서 혼자 다시 가보기로 했다.

대한문 매표소 앞에 사람들이 빽빽하게 서있다. 무슨 일인가 가보니 말로만 듣던 수문장 교대 의례의식을 하고 있다. 문 앞이 막혀 있어서 표도 살 수 없기에 나도 구경꾼들 옆에 섰다. 마이크 소리가 웅웅거리더니 벼락 때리는 소리가 난다. 귀가 멍하다. 고수가 종료(군졸들의 해산)를 알리는 큰 북소리였다.

군졸들은 이제 덕수궁 안으로 들어가려고 줄 맞춰 행진을 하는데 <아리랑>이 흘러나온다. 군졸의 해산과 <아리랑>이라니, 어울릴 것 같지 않은데 뜻밖에 뭉클해진다. <아리랑>은 언제 어디서 들어도 가슴 울리는 곡인가 보다.

포졸 복장이 무척 얇아 보이는데도 매서운 바람이 몰아치는 길바닥에서 끝까지 자세 한 번 흐트러지지 않는 젊은이들. 역사 속에서는 이러한 의식이 얼마나 자주 반복되었을까.

수문장 교대 의례의식과 그 행사 말미에 들려주는 <아리랑>. 이 둘이 의외로 어울린다. 의식을 구상, <아리랑>을 추상이라 하자. 추상화가 '김보현전'에 왔으니까 내 앞에 펼쳐지는 것들을 구상과 추상으로 이리저리 한번 엮어보자며 엉뚱하다면 엉뚱할 그런 생각을 한다.

덕수궁의 땅 나무 기둥들이 온통 무채색이다. 미술관을 찾아가는 마음이 벌써부터 무거운 색채들로 차오른다.

추상화는 들여다볼수록 애매했다. 오늘은 화가가 붓을 놀릴 때의 내면의 흔적이라도 찾아보기로 한다.

아직 미술관 밖이다. 여기저기 기웃거리며 이 궁 어딘가에 스며들었을 것만 같은 김보현 추상의 흔적을 찾아본다. 있을 리가 없다. 그 그림을 보면서 암담해했던 기억을 떠올리다가 화가가 작업하던 시간 속으로 들어가 본다. 화가의 붓놀림은 더욱 낯설어지고, 낯설음만 있는 세계에서 오히려 혼미해진다. 내가 '나'이면서 또한 내가 아닌 듯 흐릿한 안갯속이다.

관광객 대부분이 일본사람이다. 역사적으로 많은 사연이 얽혀 있는 장소라는 것을 아는지 모르는지 사진을 찍어대며 몰려다니는 그들을 보자니, 참 세월 좋아졌다 싶다.

그들을 비켜가다 말라 있는 연못을 본다. 거기 또 구상과 추상이 있다. 물개 조각은 구상이요, 마른 연못 위의 푸르스름한 물개는 겨울을 의미하는 추상이다. 물 한 방울 없는 바닥으로 뛰어내리려는 저 자세는 무엇을 향한 절박함일까. 추위도 모른 채 인간의 무심한 시선에도 무엇을 기다리는지.

김보현은 이데올로기의 희생자 중 한 사람이다. 미국으로 이민을 한 뒤 고통과 열정 뒤의 환희라는 표현으로 60여 년간의 삶을 다양하고도 거대하게 화폭에 담아냈다. 그를 소개하는 영상에는 그의 미국에서의 생활과 그림 작업, 그림과 관련된 활동이 담겨있다. 이민생활이 고생스러웠다거나 그림 작업이 힘들었다는 그런 하소연 비슷한 것도 없어서 오히려 보기 좋았다. 자신의 그림을 감상하는 자들을 향해 고통을 당당함으로 승화시켰다는 여유마저 은연중에 엿보인다.

그는 좌우 어디에도 설 곳이 없다는 두려움에서 벗어나지 못해 결국 도망치듯 조국을 떠났다고 한다. 미지의 세계에서 맨손으로 이룩해 낸 그가 그만한 업적을 이루어내기까지의 고통, 그것은 역설적으로 오히려 그를 행복하게 하는 과정이었을지도 모른다. 당시에 이러지도 저러지도 못하는 현실 속에서 고통스럽게 살다 이름 없이 사라진 사람도 많았기 때문이다.

지난번과는 달리 그의 그림들에서 초봄의 기운이 강하게 느껴진다. 살을 에는 한겨울 추위와 헐벗음 뒤 모든 것들을 이겨내고야 마는 빛나는 생성이다. 자신을 표현했음 직한 기다란 무채색의 인간 군상들, 정물화의 정물이 되느라고 물기가 말라버려 마치 병든 것처럼 보이는 야채와 생선들, 그것들을 솔직하고도 섬세하게 표현해낸 추상과 구상이 한데 어우러져 있는 세계.

기이하게 그려진 인간 군상들이 특히 묘하게 시선을 잡아끈다. 처절한 듯, 말라비틀어진 듯, 강인한 듯 어두우면서도 파랗게 힘줄 돋우고 있는 그림들. 구름 사이로 강렬하게 쏘아오는 한 줄기 햇살. 그 햇살에 조준당해서 내가 적나라하게 투시당하여 꼼짝 못한 채 전율하는 그런 느낌이다. 그 앞에 서 있는 내내 팔다리에서 힘이 모두 빠져나갔다.

전시실 중앙에 놓인 의자에 앉아 다른 사람들이 관람하는 모습을 지켜본다. 젊은이 하나가 촬영이 금지돼 있는데도 몰래 촬영하다가 관리자에게 주의를 받는다. 돌아서는가 싶다가도 관리자가 보이지 않으면 다시 또 촬영한다. 젊은이는 규율을 어겨서라도 작품들을 자기 것으로 간직하려 한다. 그 행동이 그만큼 그림을 잘 이해하고 사랑해서 그러는 것같이 보인다.

나오려다 한 번 더 뒤돌아본다. 멀리 걸려있는 거대한 캔버스가 점점 내게로 확대되어 온다. 한 생애의 치열했던 혼이 온 전시장에 그득하다. 그가 내게 보내오는 나만이 알 수 있는 마음의 암시, 그의 봄이요, 고뇌요, 육십여 년 화업이 빚어낸 깊은 예술혼을 보았다.

다시 읽는 <지하촌地下村>

잠드는 게 쉽지 않다. 아침 일찍 선산으로 출발하려면 잠을 좀 자두어야 하는데 갈수록 정신이 또렷해진다. 방금 읽다 덮어놓은 책 속에서 글자들이 기어 나와 천장에서 오락가락한다.

1896년에 태어난 김명순에서 1915년생인 임옥인까지, 11人의 작가 단편 모음인 《페미니즘 정전 읽기》 Ⅰ, Ⅱ. 작가들의 교육 수준은 상당히 높은 편이다.

돌아가신 내 어머니보다 많게는 23년, 적게는 4년 전에 태어난 그들은 그 시대의 지식인이었지만 아쉽게도 작품들의 내용은 시대에 갇혀있었다. 페미니즘이란 용어 자체가 11人의 작가들에 대한 지칭이 아니었나 싶다. 인간적인 삶, 특히 여성에게 인간적인 삶이란 과연 무엇일까를 새삼 생각해본다. 강경애의 <지하촌>이 마음을 뒤흔들었다. <지하촌>에는 살아내려는 몸부림이 처절하게 그려져 있다.

고향 동네가 문득 떠올랐다. 우리 동네 뒤쪽에 있는 동네를 뒷동네라고 불렀는데 나는 그쪽으로는 잘 가지 않았다. 기운부터가 음침해서다. 잿빛에 가까운 붉은 흙길에 반쯤 묻히듯 기대어 있는 초가지붕들. 연이어 누워있는 상엿집, 밭 가운데 있는 무덤, 녹슬고 너덜너덜한 벌건 함석 쪼가리로 지붕을 인 원두막, 뱀이 나올 것 같은 우북한 잡초들, 강아지만 한 시궁쥐 등등. 죽은 쉬파리가 둥둥 떠 있는 시궁창 쉰내가 흐린 날이면 우리 집에까지 건너왔다.

오빠들은 무섭지도 않은지 그 길을 가로질러서 전기회사 옆 방죽으로 물놀이하러 다녔다. 심부름으로 오빠들을 부르러 갈 때면 나는 지름길인 그 뒷길을 피해 반대편 신작로로 돌아서 갔다. 두 배나 먼 길을 숨도 쉬지 않고 마구 달렸다. <지하촌> 칠성이네 방바닥 갈자리에서 풀썩대던 싸한 먼지 같은 게 어린 내 마음에까지 날아와 앉는 듯했다.

굴속 같은 상엿집의 볏짚 너머에서는 가끔 희미한 불빛이 보이기도 했다. 대문도 없는 길갓집 쪽마루에 등을 구부리고 앉아서 지나가는 사람에게 핏발 선 눈을 희번덕이는, 나이를 알 수 없는 남자. 으스스했다. 뒷동네에서는 툭하면 싸움까지 벌어졌다.

중학교 삼학년 봄 어느 날, 길에서 큰언니 친구와 마주쳤다. 그 언니는 나를 기어이 자기 집으로 데리고 갔는데, 하필 그 뒷동네였다. 어렸을 때 우리 큰언니와 고무줄놀이하던 이야기며 자기 신랑이 돈 많이 번다는 자랑 내내, 좁은 마당 한쪽 큰 양철통에서는 알 수 없는 것이 부글부글 끓고 있었다. 양잿물이라 했다. 거품이 무섭게 톡 톡 터졌다. 섬돌에 나를 세워 놓고 아기를 업은 채 마당 귀퉁이에 서서 긴 막대기로 옷가지를 양철통에 찔러 넣고는 가끔 뒤집어 주는데 양잿물 끓는 광경이 굉장히 위협적이었다.

갑자기 한 남자가 대문을 부서지라 밀쳐 열었다. 남편인가 보았는데 술에 취해 있었다. 핏발 선 째진 눈으로 어찌나 노려보던지 그만 쪽문으로 도망치다시피 나와 버렸다.

자줏빛 얼룩이 얼굴의 반을 차지해서 '점순이'였던 그 언니는 언제나 하회탈 같았다. 무슨 병인지, 산송장처럼 누워만 있는 부모 대신 여러 동생을 돌보았다. 점순 언니는 한참 나이가 위인 홀아비한테 시집갔다. 사람 좋다더니 그 남편은 술에 절어 살았다. 양잿물에 심하게 덴 다리 때문에 합병증이 생겨 그녀가 목숨을 잃었다는 소리를 뒤늦게야 전해 들었다.

윗동네 빨래품이란 품은 죄다 파느라 종일토록 양잿물 앞에서 입에 단내나던 사람. 등에 업혀있던 아기는 어찌되었는지. 엄마가 팔을 뻗어 빨래를 뒤적이느라 몸을 숙일 때면 같이 아래로 쏠리며 포대기에서 빠질 듯 위태위태하던 모습이 떠오른다.

동생들은 그래도 잘 자랐던가. 언제부터인지 모두 말쑥하게 차려입고는 우리 동네 길을 오가면서 사람들 행색을 흘끔거렸다.

그녀…, 그리고 시절의 고통을 함께했던 수많은 그녀들.

밤을 꼬박 새웠다. 쌓인 눈 위로 하늘이 손에 닿을 듯하다. 고속도로에 들어서자 눈발이 날리기 시작한다. 눈송이라고 부르기에는 힘없는 연한 것들이 차창에 닿자마자 녹아버린다. 흐린 날씨였다가도 산소 가는 길에는 늘 환해지곤 했는데 오늘은 내리 궂을 모양이다. 어쩌랴, 이런 날도 저런 날도 있어야 심심치 않지. 어머니에게 가고 있다는 것 하나만으로도 마음은 벌써 환하게 개어있지 않은가.

어머니가 광주광역시에 있는 소학교에 입학했을 때 마침 어머니의 큰언니가 결혼해서 광주에 살고 있었다 한다. 그래서 큰언니(내게는 큰이모) 집에서 통학하게 되었다고. 큰형부가 종종 차비도 줬던 모양이다. 어머니는 그때도 군것질을 좋아했다는데, 어느 날 학교 끝나고는 알록달록한 왕사탕이 먹고 싶어서 앞뒤 생각 없이 차비로 왕사탕을 사 먹었단다. 그리고는 먼 길을 걸어 캄캄해져서야 집에 도착했다고. 큰언니 부부는 얼마나 애간장을 태웠겠는가. 눈물이 쏙 빠지도록 꾸중을 들었고, 어머니는 저녁도 거른 채 방에서 불도 켜지 않고 쪼그리고 울다 잠들었다는 이야기.

옛이야기하실 때 어머니는 꿈꾸는 듯했다. 대가족의 큰며느리로 시집온 어머니는 부엌에서 밭으로 새벽에서 밤으로 고단한 세월을 이어갔다. 아버지 먼저 가시고 달력을 하나하나 넘기며 얼마나 아버지를 그리워하셨을까.

부모님과의 봄볕 같던 추억의 어린 문들을 닫아건 채 지금껏 살아왔다. 종일 종종댔던 고단함에도 여름밤이면 평상 위에 딸들과 누워 그만 깜박깜박 졸면서도 알토 소프라노로 함께 동요를 부르며 아이처럼 별을 세던 어머니, 모기장 너머 방안에서 조용히 귀기울이던 아버지.

가끔 어머니를 생각하다 보면 점순 언니가 떠오른다. 《페미니즘 정전 읽기》 I, II와 어머니 세대가 살아온 아픔에 대해 생각하면 쓸쓸했을 그 시절의 어머니들 모습이 밝아오는 차창에서 입김처럼 나타났다가 스르르 사라진다. 강경애의 <지하촌>은 아직도 계속된다.

오늘은 산소 앞에 왕사탕을 놓아드려야겠다. 고향이 가까워져 갈수록 하늘이 어머니 높은 웃음처럼 밝고 푸르게 개어간다.

가을 아다지오

토요일 오후 4호선 당고개행. 과천역에서 등산복 차림을 한 사람들이 타기 시작한다. 서울 대공원역부터는 소풍 왔던 학생들과 경마장 쪽에서 몰려온 행락객으로 초만원이다. 똑바로 서 있지 못할 정도다. 늦은 봄이나 초가을에는 전동차에 에어컨을 켜지 않는다. 어떤 때는 난방까지 빵빵하다. 오늘도 전철 안은 빽빽하게 들어찬 사람들로부터 뿜어 나오는 열기로 가득하다. 껴입은 옷과 배낭들, 종일 흘린 땀이 뱉어내는 냄새로 공기가 온통 퀴퀴해서 더 덥게 느껴진다.

학생들은 대공원으로 소풍을 다녀오는 모양이다. 종일 바깥 활동에 지쳤는지 서로에게 말없이 기대어 저마다 스마트폰만 들여다보고 있다. 방금 전까지만 해도 소풍에서 돌아오는 학생들 때문에 무척 소란스러웠는데, 이제는 드문드문 통화 소리만 들릴 뿐 조용하다. 소년들의 얼굴에 웃음기가 전혀 없다. 스마트폰에만 열중하고 있을 뿐이다. 이 답답함 속에서 어떻게 저리도 묵묵히 몸을 지탱하며 서 있을까,

바로 앞에서 도란도란 낮은 소리가 들려온다. 나이 지긋한 등산복 차림의 두 남녀가 앉아있는데 남자가 여자에게 무슨 말인가를 정성스레 건네는 중이다. 여자는 남자에게 얼굴을 비스듬히 향한 채 연신 고개를 끄덕이고 있다. 부부인가 싶었는데 부부의 대화가 아니다. 코앞에 있는 사람에게 이야기가 들리든 말든 별로 신경 쓰지 않는 눈치다.

"연금 든 게 있어서 다달이 80만 원쯤 나와요. 거기에다 은행에 퇴직금 넣어 놓은 것에서 이자도 나오고 있고, 아마 합치면 한

150은 될 거요. 애들이 가끔 얼마씩 용돈도 줘요. 혼자 뭐 쓸 일이 있나, 필요한 거 있으면 사고, 가고 싶은 데 있으면 가고, 밥 먹여 주지 잠자리 있지 누가 뭐랄 사람이 있어, 간섭하길 해, 다달이 내가 적금도 들고 있어요. 그 뭐냐 다음 달이면 보험도 만기되어서 거기서도 돈이 나와요. 저번에도 내가 말했었지요. 우리도 편해야지 자꾸 미루면 후회한다고….”

열심히 귀기울이고 있던 여자의 눈꺼풀이 깜박깜박하다가 미간이 살짝 좁혀지더니 이윽고 살포시 감긴다. 많이 졸렸나 보다. 그걸 아는지 모르는지 남자는 여자에게 바짝 앉아서 계속 무슨 말인가를 간절히 얘기하고 있다.

산행山行에 노곤해진 몸은 어쩌지 못하나 보다. 주름진 서로의 얼굴을 보며 이야기를 건네고 들어주다가도 금세 졸고야 만다. 나도 점점 눈이 감겨온다. 그런저런 생각들이 꼬리에 꼬리를 무는데 전철이 덜컹덜컹하는 바람에 정신이 든다. 이수역이다.

밖은 벌써 어두웠고 전철은 동작대교를 지나고 있다. 노을 카페 층층이 불빛이 환하다. 멀리 강변북로 올림픽대로에도 빨강 보석 띠가 빛나고 있다. 전보다 화려해진 한강은 휘황찬란하지만 달리는 자동차들의 뒷모습은 왠지 쓸쓸해 보인다.

목적지에 도착해 출구로 나가 걷는데 바람이 제법 어지럽다. 겨울을 몰아올 이 바람은 곧 가로수 잎들을 다 떨궈 놓을 것이다. 아직 반만 물든 단풍이 발아래 구르고 있다. 낙엽은 달려가고 달려오고, 가을은 등줄기가 써늘해지도록 깊어갈 것이고 나를 또 뒤흔들리라. 풀리지 않는 인간관계는 더 큰 절망으로 나를 흔든다. 사람은 잘 변하지 않는다. 나도 모르게 낙엽을 걷어차다가 대사 한 구절을 떠올린다.

"비록 삶의 주인은 우리지만 어쩔 수 없는 부분이 있네. 그걸 받아들이고 인정하는 순간 앞으로 나아가게 되지!" (미드 CSI 중에서)

1.7평의 여행

창 밖에 늘어진 나뭇가지들이 심하게 요동친다. 바람이 세차다. 매달려있는 나뭇잎들이 파들거리다가 몸부림하다가 한두 잎 후득 떨어져, 그렇지 않아도 구멍 하나 뚫린 것 같던 가슴속에서 소용돌이친다.

러닝머신 위에서 정신을 창밖에 둔 채 나는 곧 지루해진다. 그만 내려가고 싶지만 운동하지 않으면 큰일을 당할 거라는 의사의 말이 생각나 별수 없지 하며 기계 위로 다시 올라간다.

미루고 미루다가 헬스클럽에 나가게 된 첫날 체지방 측정을 했더니 복부 비만이었다. 나는 비만보다는 고혈압이 문제인 환자라서 뱃살부터 줄여야 한다.

저들은 무슨 생각을 하면서 걷는 것일까. 건강 때문인지 아니면 마음 복잡한 무언가를 잠시나마 잊고 싶어서인지, 뒷모습만으로는 전혀 짐작할 수 없다. 화선지에 먹물 배어들듯이 티셔츠가 땀에 젖어 들도록, 기계 위의 TV 모니터에 시선을 고정한 채 기계와 동화되어가는 듯한 저 사람들.

영 끝나지 않을 것 같은 걸음처럼 음악도 지루하게 흐르고 있다. 경쾌한 음악이 계속되는데도 오늘따라 그 모든 음악이 흐느끼는 것처럼 들린다. 운동하는 사람들의 뒷모습이 외롭게 보인다. 어느 시점부터는 속도를 높이다가 급기야는 뛰게 되는, 등 뒤와는 잠시 단절이 되는 상태. 뒤가 궁금해져도 뒷사정을 정확하게 알려면 기계를 멈추거나 기계에서 내려서야 할 것이다. 유리창에 비치는 자신의 배경을 들여다보는 그 등 뒤에 서서 규칙적인 그들의 움직임을 가만히 바라본다. 삶을 뒤돌아볼 여유도 없이 결국은 혼자 이겨내야 하는 현대인의 고독 같은 것들이 그 뒷모습에서부터 내 몸 전체로 전달되어 온다. 그들의 뒷모습에서 엿보이는, 자기와의 싸움에 헉헉대는 인간의 외로움이 내 쓸쓸함에 배가되어 오는 것이다.

우리는 도대체 무엇 때문에 저렇게까지 뛰어야 할까. 살면서 살아가면서 미궁과도 같은 시간들, 인간은 결국 혼자라는 것, 세계와의 단절감, 엇나가기만 했던 과거에 대한 아쉬움, 저들의 등 뒤에서 내가 무엇을 느끼건, 어느 누구라도 겪을 수밖에 없는 이상과 현실에 대한 고뇌로 가득한 모습들.

경건하기까지 한 모습들을 물끄러미 바라보다가 또다시 기계 위에 올라선다.

창밖 나뭇잎들의 떨림이 다시 눈에 들어온다. 둥그런 창을 따라 늘어선 나무들, 하나하나마다 잎들의 그 떨리는 속도나 모양새가 서로 다르다. 이리저리 흔들리거나 끄덕이는 것이 내게 무슨 말인가를 하는 듯하다. 그 잎들에 마음을 빼앗긴 채 나도 기계적으로 몸만 움직인다.

둥근 창 밖 풍경이 서서히 한 영상으로 클로즈업되어 온다. 작은 나뭇가지들 사이사이로 보이던 하늘이 거대한 갈대숲으로 변해간다. 어느새 내가 갈대숲을 헤치며 호수를 돌아서고 산 정상을 향해 숨을 거칠게 몰아쉬며 가고 있다. 정상까지 갈 수 있을까 아니면 포기하게 될까 숨이 턱까지 차오르는데 갑자기 바람이 몰아친다. 나는 그만 몸의 중심을 잃었다.

하얀 갈대들은 새털구름이 되어 흩어져 버렸다. 그 많던 나뭇잎들도 모두 사라졌다.

온 정신을 나뭇잎에 쏟으며 감각 없이 몸만 움직여 그저 걷고 또 걷던 내가 마치 속 빈 수박 같다.

창밖을 보면서 창밖 풍경에 빠지는 동안만큼은 복잡한 세상에서부터 잠시 여행을 떠나는 것이다. 복부 지방을 빼야 한다는 그런 과제 하나쯤은 잠시 잊어도 좋다.

직접 바람을 맞고 있지 않아도 창밖의 나뭇잎들이 끄덕이면 바람이 부는구나, 움직이지 않으면 바람 한 점 없다고 하면서 어느 잎은 흔들리는데 또 다른 잎은 왜 흔들리지 않나, 머신 위의 속도를 늦춰보곤 한다.

다른 사람들이 비틀거리거나 멈칫거리는 일이 드문 걸 보면 나

혼자만 러닝머신에 익숙해지지 못하는 모양이다. 날이 지나도 기계 위에서 버텨내는 시간이 늘어나지를 않으니 차라리 벨트 따위는 박차버리고 내가 원하는 갈대숲으로의 여행이나 떠나보는 게 정신 건강에는 더 좋지 않을까.

러닝머신 위에서 흘리는 땀이 건강에 필요한 윤활제요, 인생 행복을 위한 향기로움일 수도 있다. 어떤 사람에게는 때로 외로움을 잠재우기 위한 비상약일 수도 있다. 긴 시간 흘리고 있는 내 땀방울은 무엇을 극복하기 위한 것인지, 스스로 질문하고 대답도 하면서 걷고 또 걷는다.

마음속에 분열을 심어주는 잡다한 고민일랑 땀에 녹여 다 흘려보내자고 흔들리는 나뭇잎과 마주 보며 혼자 속엣말을 하면서….

내 몸과 마음이 가벼워지기 시작한다.

관계에 갇히다

'관계'라는 말에 사로잡혀 있다. 인터넷 사전에 "둘 이상의 사람 사물 현상 따위가 서로 관련을 맺거나 관련이 있음, 또는 그런 관련"이라고 올라 있다. 남녀관계 사업관계 근로관계…. 그 아래로 A4용지 다섯 쪽 분량으로 길게 이어졌다.

내가 지금까지 맺어온 관계와 현재 맺고 있는 관계들 그리고 앞으로 살아가면서 맺을 관계들이 궁금하다.

다양한 관계 속에서 엎치락뒤치락했다. 좋은 관계도 있었지만 차마 입에 담기 싫은 관계도 있었다. 서로를 배려하지 않는 관계는 맺지 않음만 못할 것이다. 삶을 잘 풀어나가는 지혜가 필요하다. 어떤 태도로 살아야 진정 잘사는 것일까.

얼마 전에 <특별한 선물>이라는 어느 수필가의 글을 읽었다. 남편의 임종을 맞으면서, 남편과 맏사위의 수의를 미리 준비했던 장모가 사위에게 수의를 전해주었다. 장모는 사위의 무병장수를 비는 마음으로 수의를 건네주었을 것이다. 사위는 그 선물을 받으면서 정신이 번쩍 들었다고, 남은 인생 제대로 한번 살아봐야겠다고 다짐했다는 내용이었다.

새삼스레 감동을 자아냈다. 사위 사랑이 극진한 장모와 그 선물을 받고 혼자 다짐하고 있는 사위의 선한 마음이 그대로 내게 전해졌다.

남편의 임종만으로도 힘겹고 서러웠겠다. 거기에 자신의 생도 얼마 남지 않았을 텐데 딸자식의 남편인 사위에게 입힐 수의부터 마련해놨다는 것, 그 모습에서 핏줄 사이의 정이 절절하게 느껴진다. 사람과 사람 사이의 정만큼 애틋한 게 또 있을까 생각하게 한다.

바다를 보고 있다. 창밖은 바람으로 온통 어지럽다. 작은 물새 예닐곱 마리가 두 줄로 파도를 타고 있다. 검은 몸뚱이들이 오르내리면서 조금씩 이동하고 있는데 큰 물결에 휩쓸리는 듯했다가도 재빨리 대열을 맞춰서는 한 놈 뒤를 쫓아가고 있다. 앞선 놈이 대장인가 보다. 동글동글하고 새까만 뒷모습들이 귀엽게 출렁인다. 대장을 따라 파도와 시간에 그저 몸을 맡기고 있는 것처럼 보인다.

머릿속에서는 온갖 해치워야 할 일들이 눈앞의 파도보다도 더 거칠게 나를 채근하지만, 물새들의 행동 하나하나에 마음을 빼앗긴 채로 한동안 우두커니 있다.

바람 · 하늘 · 파도 · 백사장 · 물새 떼의 본능적인 집단행동이 나를 깊은 생각으로 이끌었다. 이해타산이나 밀고 당기기, 아무런 술수가 없는 이 풍경 앞에서 나는 두고 온 것들을 떠올려본다.

혼자서 놀기, 사춘기 때의 고독을 동경하며 느꼈던 외로움, 아직도 혼자만의 여행을 꿈꾸는 것. 이것들은 타성적인 시간에서부터 한 번쯤은 멀어져 보고자 하는 시도였을 뿐이지, 어느 관계에 서건 마음만 먹으면 완전히 벗어날 수도 있다는 게 말처럼 쉬운 걸까.

성공한 관계와 실패한 관계가 있다. 무엇이든지 균형을 이룰 때 가장 보기 좋고 편안하다. 성공과 실패는 누가 결정하는 것일까. 나일까 상대일까. 관계가 결정할 것이다.

돌이킬 수 없는 일들은 언제나 생기기 마련이다. 세상 안에서 너와 내가 이렇게 저렇게 얽혀있기 때문이다. 더할 수 없이 살뜰했다가도 등 뒤에서 칼을 들기도 한다. 피도 눈물도 없이 상대에게 냉정해질 수 있다는 걸 보여주는 사람도 있다.

가볍든지 깊든지 간에 나는 내내 '관계'라는 말에 빠져있으리라. 다가올 모든 것은 내가 맺는 관계가 결정할 것이다.

김은옥 수필집
고도孤島를 살다

인쇄 2021년 05월 02일
발행 2021년 05월 05일

지은이 김은옥
발행인 서정환
펴낸곳 수필과비평사
주소 서울시 종로구 삼일대로 32길 36(익선동 30－6 운현신화타워) 305호
전화 (02) 3675－3885, (063) 275－4000 · 0484
팩스 (063) 274－3131
이메일 sina321@hanmail.net essay321@hanmail.net
출판등록 제300－2013－133호
인쇄 · 제본 신아출판사

ISBN 979-11-5933-336-1 03810

값 13,000**원**

Printed in KOREA